AF332483

LA RÉPUBLIQUE COOPÉRATIVE

ERNEST POISSON

LA RÉPUBLIQUE COOPÉRATIVE

PARIS

BERNARD GRASSET, ÉDITEUR

61, RUE DES SAINTS-PÈRES, 61

MCMXX

TABLE DES MATIÈRES

INTRODUCTION

LES LOIS OU CONDITIONS D'UNE TRANSFORMATION SOCIALE

PREMIÈRE PARTIE

L'HYPOTHÈSE SCIENTIFIQUE DE LA RÉPUBLIQUE COOPÉRATIVE

DEUXIÈME PARTIE

LES CONSÉQUENCES DE LA RÉPUBLIQUE COOPÉRATIVE

TROISIÈME PARTIE

LES ATTACHES IDÉOLOGIQUES DE LA COOPÉRATION

QUATRIÈME PARTIE

LES LIMITES A LA RÉALISATION

CINQUIÈME PARTIE

LES MOYENS DE RÉALISATION DE LA RÉPUBLIQUE COOPÉRATIVE

CONCLUSIONS

CHAPITRE PREMIER

LA QUESTION SOCIALE

A) La société est soumise à des lois.

Y a-t-il une question sociale ? Des économistes professionnels, des polémistes politiques, ont toujours prétendu qu'il y avait des questions sociales et non une question sociale. Ils veulent dire par là que les bases mêmes de la Société ne peuvent ou ne doivent être changées ; et que seulement certains problèmes intéressant tel ou tel rouage de l'organisation économique peuvent être abordés dans le maintien et le respect même des institutions fondamentales de l'organisme social. En général, pour appuyer leur thèse (tout au moins ceux qui prétendent ne pas défendre seulement des intérêts constitués), ils entendent s'appuyer sur l'existence de *lois scientifiques réglant les rapports sociaux.*

La Société, en particulier économiquement, reposerait sur des lois *naturelles, universelles et éternelles,* qui ne peuvent être modifiées par la volonté des hommes, mais auxquelles les hommes doivent s'adapter pour leur plus grand bien, quand ils sont parvenus à les connaître.

Une école économique, l'école physiocratique, n'a-t-elle pas été jusqu'à affirmer le caractère providentiel de ces lois et à manifester sa grande joie de leur révélation ? Aussi, avec quel mépris, avec quelle prétention scientifique, tous les thuriféraires de la Société actuelle n'ont-ils pas traité et ne traitent-ils pas encore ceux qu'ils appellent les faiseurs de systèmes, les hommes qui crurent trouver ou proposèrent des remèdes aux crises sociales de la Société actuelle comme si, disent-ils, la volonté humaine, même appuyée sur un désir de justice ou des règles de morale, pouvait commander ou contrarier la nature des choses !

Aussi, ils ont vite fait de se gausser des utopies d'un Fourier, de régler leur compte aux billevesées d'un Saint-Simon ou de plaindre la folie géniale de Robert Owen.

Ils prétendent être les hommes de la science.

B) Caractère de ces lois.

Malheureusement pour eux, une époque est venue où les détracteurs de la Société qui ont continué à s'en prendre aux bases de celle-ci, ont prétendu appuyer à leur tour leurs critiques et la nécessité d'une transformation complète de la Société sur des données scientifiques.

Les sociologues modernes affirment qu'au lieu d'être soumis à des lois naturelles, universelles et éternelles, la Société perpétuellement en mouvement, en « devenir », a ses évolutions sujettes à des lois *historiques*; chaque époque, chaque milieu social a ses lois propres de fonctionnement et de développement, et ces lois ont par là même un *caractère relatif*.

On peut donc affirmer, au nom du *déterminisme social*, que la Société se meut, se transforme jusque dans ses fondements et à tout moment. Les conditions de réalisation d'une révolution sociale ayant le sens d'une transformation des bases de la Société sont donc toujours en voie de se constituer, par la même nécessité inéluctable de lois scientifiques que les comtempteurs du monde présent invoquaient pour prétendre au maintien de la Société actuelle.

Que les rapports sociaux soient soumis aux mêmes nécessités de cause à effet que les rapports naturels, qu'il y ait dans le monde des lois qui président au fonctionnement des corps humains, des végétaux, des minéraux et à leurs relations réciproques comme à l'évolution et au fonctionnement de la Société humaine, quoi de surprenant ? Seul, le contraire le serait. Pourquoi donc cet être qui s'appelle un homme et est voué depuis qu'il existe à la vie en société échapperait-il seul à ce déterminisme général des êtres et des choses, précisément pour l'exercice d'un caractère spécifique de son espèce, la sociabilité ?

Comment ces lois ne seraient-elles pas relatives, c'est-à-dire ni éternelles, ni universelles, mais historiques, puisque la science, dans tous les domaines, conduit seulement à la connaissance d'une seule loi générale : la totale relativité ?

Donc toute Société humaine, et la Société actuelle en particulier, celle dans laquelle nous vivons aujourd'hui, est vouée à des transformations jusque dans les principes sur lesquels elle repose ; il y a forcément pendante, à toute époque et à tout moment, une question sociale. Les questions sociales font partie d'un tout, sont liées et rattachées à l'ensemble.

Quelles sont les lois de dynamisme social ou d'évolution et de transformation des Sociétés et aussi, quelles sont les lois de statique sociale, d'existence et de fonctionnement de chaque Société et de chacun de ses rouages ? Telles sont les questions qui se posent.

CHAPITRE II

LES CONDITIONS D'UNE TRANSFORMATION SOCIALE

Rechercher les conditions dans lesquelles elle doit se réaliser, c'est là que doit porter l'effort de ceux qui prétendent participer à une recherche scientifique et aborder le problème de la transformation sociale avec des connaissances sociologiques.

A) **La question sociale n'est pas qu'une question économique.**

Les rapports sociaux sont certes économiques, mais également juridiques, politiques, moraux et éthiques. Comme tous les rapports des hommes et des choses, il est impossible de s'imaginer qu'ils soient isolés les uns des autres et que les différentes catégories de rapports sociaux ne se pénètrent, ne s'influencent, ne s'équilibrent et ne se subordonnent. Par l'esprit, ils peuvent être classés, ils peuvent même dans la réalité acquérir chacun une action propre, — même de plus en plus séparée, — ils n'en sont pas moins partie intégrante de la totale Société humaine.

Quelle erreur, par exemple, de prendre en soi l'homme économique ou la Société économique et de l'isoler des autres manifestations d'activité matérielle ou mentale de l'humanité !

Pour ce qui est de l'importance réciproque des catégories de rapports sociaux, inévitablement, jusqu'à ce jour et depuis que la Société humaine est Société humaine, le point de vue économique a dominé; il a fallu d'abord vivre, c'est-à-dire consommer et pour consommer il a fallu produire. La lutte pour la vie a donc prévalu et précédé tous les autres rapports sociaux. Elle les a conditionnés.

Dans l'état d'inégale répartition des richesses de la Société actuelle, l'immense majorité de la population est amenée à ne pouvoir concevoir que les aspects de la vie économique et à en être l'esclave.

Il lui faut vivre et le minimum auquel l'état de la Société actuelle la contraint et la ramène ne lui permet pas d'autre horizon; pour la plupart les rapports sociaux se réduisent aux seuls rapports économiques.

Ainsi donc, la subordination de toutes les autres relations subsistera, tant que ne sera point abolie l'inégale répartition des richesses entre les parties composant la Société, conséquence elle-même des conditions de production et du degré de développement des forces productrices.

B) Le déterminisme économique.

Les rapports économiques, voilà donc la fonction essentielle jusqu'à ce jour de l'histoire de la Société humaine.

En vérité, la vie économique a été l'infrastructure de la Société, la superstructure était juridique, morale, politique, etc., la première dominant et déterminant les autres dans la plus large mesure.

Cette explication de la subordination de tous les rapports sociaux et de la mise au premier rang du facteur économique considéré comme facteur dominant, voici ce que l'on appelle la loi du *matérialisme historique* ou plus exactement du *déterminisme économique de l'histoire* que Karl Marx, le premier, a formulée.

Cette loi historique est-elle éternelle ? Non point. Si les conditions économiques ont commandé la vie des hommes et même influé sur la part spirituelle de cette vie, c'est en réalité en raison de l'insuffisance des moyens de consommation, et par là même de production qui étaient à la disposition de l'humanité.

Avec le progrès qui est avant tout dans l'application des inventions, qui permet de multiplier chaque jour la puissance des forces productrices et de donner à l'humanité des instruments de travail toujours plus puissants, il est à présumer que celle-ci se libérera peu à peu de ses chaînes matérielles, des travaux forcés qu'elle est obligée d'accomplir pour satisfaire à ses conditions de vie.

En raison de l'évolution, il semble bien que l'influence, aujourd'hui dominante, des facteurs économiques de l'humanité est en voie de s'atténuer et s'atténuera chaque jour davantage par rapport à l'influence des autres facteurs de la vie sociale.

C) Est-ce une loi « mécanique » ?

Mais, la loi du déterminisme économique doit-elle être interprétée dans un sens mécanique ? Ce serait là, en tout cas, trahir la pensée des fondateurs du Marxisme.

Si des disciples peu compréhensifs en ont donné des explications simplistes ou primaires, si des adversaires peu consciencieux et souvent ignorants ont feint de méconnaître le véritable sens de cette loi historique, elle n'en est pas moins jusqu'alors, et avec les précisions qui pourront lui être apportées, la seule explication vraie de l'évolution de la Société humaine en ses diverses phases.

Cette loi du déterminisme économique est une vérité scientifique de plus en plus démontrée. Le progrès de la science ne consiste pas, à chaque découverte, à remettre sur le chantier tout ce qui était déjà vérité auparavant, mais plutôt à reprendre les connaissances acquises, à les préciser, à les reviser sur certains points et à les développer dans des sens parallèles ou latéraux. C'est du reste ce que Kautsky disait dans son livre sur le Marxisme :

« Mais qu'est-ce que la science ? La connaissance des rapports nécessaires et naturels des phénomènes. Or, des phénomènes si compliqués qu'il n'a pas encore été possible de découvrir leurs rapports nécessaires, de sorte que nous ne pouvons voir en eux que le jeu du hasard et de l'arbitraire, sont en dehors du domaine de la science. Le progrès de la science consiste à restreindre le domaine du hasard et de l'arbitraire et à étendre celui de la nécessité reconnue.

Le grand mérite de Marx et d'Engels est d'avoir, avec plus de succès que leurs devanciers, fait entrer les faits historiques dans le domaine des faits nécessaires et élevé ainsi l'histoire à la hauteur d'une science. »

Mais les phénomènes sociaux ne peuvent s'expliquer en invoquant simplement les causes économiques qui les auraient déterminés. Tel acte politique, telle action juridique est conditionnée par le régime ou les situations économiques, mais c'est tout.

En admettant même qu'à l'origine des temps, les phénomènes et rapports économiques aient fait naître les autres rapports sociaux, ceux-ci, au cours des temps, ont acquis une vie propre. Ils peuvent influer et déterminer des événements, acquérir une influence en soi. C'est ainsi qu'il est impossible de dire, sans recourir à une conclusion simpliste du déterminisme économique, qu'un fait comme la guerre ait pour cause ou unique cause des raisons économiques : les mobiles moraux ou politiques, comme dans la dernière catastrophe, ont souvent joué et jouent leur rôle.

Que la guerre soit conditionnée économiquement, cela est parfaitement vrai. On a pu dire que l'organisation de la défense nationale avait conduit à une mobilisation industrielle. Avec juste raison également, on peut affirmer que l'existence de la guerre économique entre les peuples, de la libre concurrence entre les individus, peut permettre la guerre, mais elle ne la déclanche pas toujours obligatoirement ; les raisons économiques ne sont pas forcément « l'occasion » qui se présente et, si le régime économique a « amené les bottes de paille », il n'a pas en 1914 fait jaillir l'étincelle qui devait mettre le feu.

Prétendre que le déterminisme économique s'opère mécaniquement, ce serait oublier que les rapports sociaux ne sont pas des rapports entre choses inertes et matérielles, mais des rapports d'êtres vivants, d'hommes capables de réagir sur le milieu même qui les contient, mais qu'ils influent.

Il y a peut-être analogie, mais il n'y a pas identité entre les lois qui régissent la nature e les lois qui régissent la Société humaine.

CHAPITRE III

LES LOIS DE TRANSFORMATION SOCIALE

Quelles sont les lois qui président à une transformation sociale et quels sont les faits qui l'annoncent? Quand donc la Société est-elle en gestation d'une autre de ses formes, à quel moment une métamorphose semblable à celle de la chenille devenant papillon ou à celle du papillon devenant chrysalide se marque-t-elle pour la Société humaine?

De l'examen des différentes phases de la Société humaine, résulte-t-il une règle générale et des hypothèses annonciatrices?

A) L'histoire de la société est faite de l'histoire des classes sociales.

L'histoire de la Société humaine peut être divisée en quatre grandes phases qui correspondent aux quatre grandes transformations des régimes économiques accomplies jusqu'à l'heure présente.

Ces régimes se répètent en se succédant dans le même ordre et sans sauter une phase, quelle que soit l'époque ou le lieu, le temps ou l'espace.

Les quatre métamorphoses ou formes différentes des

Sociétés correspondent aux étapes de développement des forces productrices.

Celles-ci ont engendré des rapports économiques déterminés entre les hommes et la situation même et le rôle, qui ont été donnés à chacune des classes sociales, dans le processus de production.

De même que l'histoire du progrès peut se ramener à l'histoire des inventions et de leurs applications économiques, de même, c'est par la forme d'emploi du travail, facteur productif de toute richesse que peuvent se définir les quatre grandes phases sociales : communisme primitif, esclavage, servage, salariat.

Ce rythme de l'évolution peut nous permettre d'affirmer que jusqu'alors l'histoire des Sociétés humaines se caractérise par l'histoire des classes sociales aux diverses époques.

Mais de là encore doit-on tirer la conclusion que cette loi historique est et restera immuable et que, par exemple, la division sociale en classes est éternelle ; nous ne pouvons le penser. La prochaine transformation sociale peut être la fin des étapes de l'humanité où les hommes sont plus le jouet des fatalités économiques des choses qu'ils ne les dirigent ; il suffit pour cela que, dans les conditions mêmes de la prochaine transformation sociale, l'existence des classes ne soit plus conséquence de l'organisation de la production et du degré du développement et d'utilisation des forces productrices. Ce serait alors l'humanité sautant du régime de lois économiques qu'elle subit dans un régime de liberté où elle ferait, par sa volonté, sa propre histoire.

Nous pourrions presque dire que les étapes précédentes constitueraient jusqu'à ce jour notre préhistoire.

B) Une transformation sociale est un progrès économique.

Il est une deuxième loi de transformation sociale. Quand, une organisation économique succède à une autre organisation économique, nous constatons ceci : la transformation ne se produit que dans un accroissement des forces productrices, c'est-à-dire avec une plus grande création de richesses.

Le progrès économique est concomitant avec la transformation sociale et, en vérité, il opère pour permettre ce progrès, comme si la précédente organisation économique était devenue une entrave au développement des forces productrices et à l'accroissement de la richesse générale.

Telle a été la règle aux diverses époques de transformations passées; mais de ceci découle une conclusion : toute transformation doit comporter nécessairement un décuplement des forces productrices et l'espérance d'une meilleure répartition des richesses; mais ce sentiment de justice ne suffirait point à en assurer la réalisation.

La loi, qui se constate dans l'évolution des Sociétés humaines, est donc celle d'un progrès économique indéfini et une société ne passe d'une phase à une autre que lorsque cette société est capable d'assurer un accroissement de la richesse générale.

C) Les organes de substitutions.

Il est encore une autre loi de transformation : une forme de société ne fait place à un autre que si déjà par avance, à l'intérieur de celle-ci, est né un ensemble d'institutions propres à la nouvelle Société et qui en constituent la structure ; une Société économique ne se crée pas de toutes pièces par la destruction de l'ancienne; en vérité, pour passer de l'esclavage au servage, du servage au salariat, il en a été ainsi, Une substitution préalable s'était opérée. La transformation a eu lieu peu à peu et non d'un jour à l'autre par suite d'un coup de baguette|magique.

Certes, les autres rapports sociaux : juridiques, politiques, etc., afférents à un régime économique, déterminés ou conditionnés par lui, ont pu quelquefois faire place brusquement aux rapports juridiques, politiques, etc., du régime nouveau économique, mais les bouleversements économiques sont indépendants et ceux-ci ne s'accomplissent jamais que par une substitution lente.

Il faut que, dans les cadres mêmes du monde qui s'en va, se créent les cadres du monde nouveau. Ces institutions économiques qui disparaissent et celles qui viennent sont, du reste, soumises à des lois d'existence, et à des conditions de vie diamétralement opposées. Il y a toute une période où les organismes peuvent se choquer, mus par des ressorts différents et opposés. Les lois des deux mondes peuvent se contre-balancer, se pénétrer pendant un temps; elles s'équilibrent, se mélangent de telle sorte qu'il est quelquefois difficile de les isoler et de les caractériser jusqu'au moment où la Société ancienne fait place à la nouvelle; cette dernière finit par triompher avec ses principes, ses directions propres, exactement comme le jour succède à la nuit; après que le noir des ténèbres disparaît lentement et peu à peu pour faire place à la lumière.

Ainsi donc, voici quelques-unes des hypothèses scientifiques ou des lois historiques qui semblent présider à l'évolution des Sociétés humaines caractérisée jusqu'alors par leur côté économique et les rapports qu'elles engendrent et qui sont :

1° *Loi du rythme universel des transformations sociales déterminées par l'histoire des classes sociales ;*

2° *Loi du progrès indéfini présidant à l'évolution des formes de la Société ;*

3° *Loi de la substitution d'une Société à une autre exigeant qu'à l'intérieur de l'ancienne Société se soit préalablement constituée la structure de la nouvelle* (1).

Mais dans quel délai doit s'accomplir une transformation sociale ? Dure-t-elle des siècles ou quelques décades seulement? Il semble que la rapidité d'évolution

---

(1) Nous n'avons pu ici préciser que quelques-unes des règles d'évolution du monde, il en est certes d'autres ; de plus, n'oublions pas que chaque transformation sociale à ses caractères propres et, qu'avec chaque forme nouvelle de Société, apparaît un ensemble particulier de concept et de lois.

a été, au cours de l'histoire, fort variable. Jusqu'ici elle a été fort longue; la rapidité même des évolutions économiques du régime capitaliste peut permettre de conclure à une rapidité plus grande de l'évolution vers la nouvelle transformation sociale.

CHAPITRE IV

———

LES FAITS ANNONCIATEURS D'UNE CRISE SOCIALE

Il reste un point à préciser. Nous connaissons maintenant les lois générales qui jusqu'alors ont présidé à l'évolution de la Société humaine. A l'époque où nous vivons, quels sont les phénomènes qui annoncent une crise de la Société, quels sont les événements annonciateurs de temps nouveaux?

A) Les caractères d'une crise sociale.

La crise de la Société se manifeste par l'impuissance des moyens de production à augmenter les forces productrices. Le régime économique existant ne permet plus la croissance de la richesse générale; les inventions ne trouvent plus la possibilité d'être appliquées ou d'être étendues; la Société est saturée des organismes conformes à ses propres principes; le désordre économique, la perte ou le gaspillage des richesses produites entraîne un déséquilibre. Et il semble ainsi qu'à certains moments, le régime économique travaille à se détruire lui-même.

La crise croissante se manifeste par un antagonisme

entre les modes de production et les modes d'appropriation qui sont contradictoires. Les institutions politiques ne correspondent plus aux institutions économiques.

La crise sociale éclate également par l'injustice croissante dans le domaine de la répartition des richesses. A mesure que les forces productrices serrées comme dans un corset voient leur développement arrêté, également les classes sociales voient leur rôle se transformer ; pour certaines, leur utilité sociale se modifie jusqu'à disparaître ; elles continuent cependant à vivre comme des parasites sur l'ensemble du corps social, elles jouissent des avantages d'un régime politique et statut social juridique correspondant à un état de chose qui n'est plus qu'un état de régression économique.

Et avant, pendant ou avec la crise sociale, apparaissent peu à peu les moyens de la solutionner, c'est-à-dire les organismes de substitution ; ceux-ci, à travers des vicissitudes, croissent peu à peu, mais ils sont obligés de vivre dans un milieu qui leur est opposé et suivant des règles de vie qui leur sont propres. A peine apparus, quelquefois ces organismes disparaissent, mais c'est pour renaître quelque temps après plus forts, plus aptes à la lutte. Alors ils conquièrent leur place, leur droit à l'existence, ils s'implantent ; ils contrarient d'abord puis s'opposent jusqu'à les annihiler aux institutions qu'ils sont appelés à remplacer et que du reste ils remplacent peu à peu. Il peut même arriver qu'avant que ne se créent les organismes de substitution disparaissent ceux qui existaient, mais les premiers revivent bientôt, pour un moment, si les remplaçants ne sont pas encore là ou leur forme insuffisamment mûre pour prendre corps en vue de la dite substitution.

Des conceptions juridiques, des situations politiques correspondantes et précurseurs de monde nouveau s'introduisent et se réalisent.

B) La crise sociale actuelle.

Or, précisément, cet exposé théorique de toute crise

sociale et de la naissance des moyens de solution s'applique d'une façon générale à la Société capitaliste du vingtième siècle dans l'Europe occidentale.

La Société actuelle, la Société capitaliste, porte en elle, comme toute phase de la Société humaine, la certitude de sa transformation.

La Société capitaliste ne peut plus tenir dans ses cadres, la crise est évidente et ce pour trois principales raisons que l'on peut ainsi brièvement résumer.

Les formes modernes de capitalisme des Sociétés anonymes aboutissent à mettre le capital entre les mains d'une classe qui, de moins en moins participe au « procès » de production et ainsi le parasitisme social est créé. Une partie de la population vit de revenus sans travail et il s'en suit des luttes dont souffre la production et la richesse générale.

De plus, un divorce croissant se marque entre l'organisation des forces de production, c'est-à-dire du travail, et les formes de propriété ; le travail devient collectif, la propriété reste privée, d'où une contradiction entre le régime économique devenu collectif et le régime juridique basé sur la propriété privée.

Enfin, le régime économique individuel conduit à produire pour la recherche du profit sans s'occuper des besoins sociaux à satisfaire, d'où opposition entre l'intérêt général et celui des producteurs ou des catégories de producteurs. L'opposition est de plus en plus accentuée. D'où encore les crises économiques périodiques, renouvelées et aggravées : crises de sous-production, crises de surproduction. Le désordre est en permanence. Les besoins, à tel moment, n'arrivent pas à être satisfaits, tels autres au contraire le sont surabondamment ; on produit pour produire, sans savoir ce que demande la consommation, uniquement avec comme point de vue la course au profit.

Dans les crises de sous-production, la rareté des produits entraîne des hausses du coût de la vie et toutes les spéculations qui en découlent ; dans les crises de surproduction, on détruit, on gaspille des richesses, celles qui sont inutilisées ; dans tous les cas, c'est un arrêt de l'effort économique. c'est un déséquilibre total entre la consommation et la production et c'est ce qui devient peu à peu l'état normal.

Ajoutons que cette crise sociale se double d'une crise dans le domaine politique. Sur ce terrain, la démocratie, qui apparaît un peu partout par l'usage du suffrage universel et de la représentation souveraine des citoyens, entend se réaliser en des applications multiples et variées, au moment même où le régime tend économiquement à créer une véritable monarchie sociale, l'aristocratie du capital. Il y a donc là opposition entre les formes politiques nouvelles et les organes économiques existants.

La crise sociale est partout, la guerre mondiale n'a fait que la porter à son maximum d'acuité par les bouleversements de toutes espèces et particulièrement par les nouvelles situations économiques qu'elle a engendrées.

C) La coopération organe de substitution.

Mais, si la crise sociale est partout, la Société capitaliste contient-elle déjà dans son sein les éléments constitutifs de la Société destinée à la remplacer ? Quels sont-ils, quel est leur degré d'évolution, quels sont leurs caractères, leurs lois spécifiques de vie ?

Ce livre a pour but de démontrer que ces institutions, conditions primordiales de la transformation sociale, résident précisément dans la coopération, dans le mouvement des coopératives de consommation, en même temps qu'il a pour objet de rechercher les lois d'auto-développement de la coopération, ses fondements, ses limites, ses méthodes d'application, et ses moyens de réalisations.

PREMIÈRE PARTIE

L'HYPOTHÈSE SCIENTIFIQUE DE LA RÉPUBLIQUE COOPÉRATIVE

> « La République coopérative se présente, comme se suffisant à elle-même sur son propre terrain d'action et comme en germe contenant la solution de la question sociale qu'elle accomplit par son acte de développement intégral et naturel. »
>
> L'AUTEUR.

CHAPITRE PREMIER

LA COOPÉRATION EST-ELLE UNE SOLUTION ET COMMENT ?

La Coopération se présente comme une solution à la question sociale et prétend, par son auto-développement indéfini, aboutir à une Société économique nouvelle, où non seulement les moyens et instruments d'échange seront la propriété collective des consommateurs, mais où la production des richesses sera également dirigée par les mêmes consommateurs associés devenus propriétaires des dits moyens de production et d'échange.

Qu'est-ce que la Coopération de consommation ?

Une société coopérative de consommation (1) apparaît à

---

(1). — Il faut qu'il soit bien entendu qu'au cours de ce livre, il sera seulement parlé de coopération de consommation.

Il existe d'autres formes de coopération : coopératives de production, coopératives de crédit, coopératives d'habitation ; mais celles-ci ont des buts parfois opposés, des caractères extrêmement différents et, en réalité, elles n'ont presque de commun avec les sociétés de consommation que le mot « coopération » ; nous en reparlerons du reste à propos de leurs rapports avec les dites Sociétés de consommation, mais quand nous parlerons de coopération, de Société coopérative sans définir autrement, il s'agira dans ce livre uniquement de coopération de consommation et de Sociétés de consommation. En vérité, les Anglais avec beaucoup de raison *la première observation comme une association de consommateurs ayant pour but de se procurer avantageusement tout ou partie des produits nécessaires pour satisfaire leurs besoins.*

Elle est par excellence, en ses débuts, un organe de répartition de richesses.

Ce n'est pas la place ici de montrer l'importance que les Sociétés coopératives de consommation ont acquis en France et dans le monde ; pas davantage il n'entre pas dans notre intention de faire leur histoire. Disons simplement qu'en France, en 1919, il y avait environ 4.000 Sociétés groupant 1 million de membres et faisant à peu près un chiffre d'affaires de un milliard et demi.

Rappelons que, dans le monde, il y a environ 5.000 Sociétés groupant 20 millions de familles et faisant 25 milliards d'affaires.

Les Coopératives de consommation datent de plus de 3/4 de siècle. Une des premières, la plus connue, celle qui devait servir de modèle en raison de ses règles de constitution (répétée par toutes celle qui depuis se sont créées et ont vécu) a été la coopérative des Pionniers de Rochdale, qui, en 1844 fut fondée en Grande-Bretagne, par 20 ouvriers tisserands. Mais c'est dans les 25 dernières années que l'accroissement en force et en puissance des coopératives de consommation a été surtout éclatant. Elles sont partout aujourd'hui une force sociale reconnue et prospère. Un de leurs meilleurs amis, le grand économiste français M. Charles Gide, pouvait écrire en toute vérité que la coopération était, parmi tant d'autres, la seule expérience sociale qui, au cours de la deuxième moitié du dix-neuvième siècle, ait vraiment et complètement réussi.

La coopération de consommation est soumise à des

ne parlent jamais de coopérative de consommation, mais de coopérative de distribution. Pourquoi donc jusqu'ici en France, sous prétexte de mauvais langage, n'a-t-on pas employé ce terme qui dit bien plus justement ce qu'est une coopérative de consommation ? Au moins devrait-on le dire pour les sociétés coopératives de consommation de détail vendant seulement aux consommateurs et qui ne sont qu'organes de répartition.

lois propres ; les unes sont d'ordre statique, les autres d'ordre dynamique. Les unes concernent ses conditions de vie et son organisation intérieure, les autres son développement et son évolution ; les unes s'appliquent à son état, les autres à son mouvement.

Mais les lois de la coopération ne sont pas sensiblement différentes de toutes autres lois scientifiques.

Pour aboutir à une vérité d'ordre sciologique, pour déterminer une loi scientifique, on passe en tous cas par trois phases : l'observation, l'hypothèse, la vérification.

Après avoir constaté un certain nombre de faits où les mêmes causes sont relation avec les mêmes effets, et *vice versa*, on émet la supposition que, dans tous les cas où on rencontrera ces mêmes causes, elles sont en relation avec les mêmes effets et réciproquement ; puis on s'évertue à vérifier si l'application de l'hypothèse est vraie dans tous les cas qui se présentent ; s'il en est ainsi, l'hypothèse devient alors la vérité scientifique ou la loi.

C'est en s'inspirant de ces considérations primordiales que nous allons maintenant examiner les lois de la coopération.

CHAPITRE II

LES LOIS ORGANIQUES DE LA COOPÉRATION

Elles sont au nombre de quatre principales et elles précisent les caractères spécifiques d'une Société de consommation, les voici :

1° *Toute Société coopérative répartit ses bénéfices à ses membres au prorata de leurs achats;*

2° *Tous les membres de la Société ont un droit égal à la gestion de la Coopérative;*

3° *Les marchandises ou produits sont vendus aux prix normaux du commerce privé,* c'est-à-dire au *prix juste* formé du prix d'achat, des frais généraux et d'amortissement, du bénéfice commercial en usage et qui constitue le profit de l'intermédiaire privé;

4° *Les membres de la Coopérative n'ont jamais droit qu'aux sommes qu'ils ont mises dans l'association; l'actif net de la Société appartient à la Société elle-même.*

A) Répartition au prorata des achats.

La première règle, de beaucoup la plus importante et qui constitue le critérium de la coopération est d'ordre *économique.* A l'encontre de toute entreprise du régime économique actuel, contrairement à tout le système capitaliste, la coopération de consommation ne distribue pas ses bénéfices au capital engagé dans l'affaire, mais proportionnellement à l'effort fait par chaque coopérateur au profit de l'œuvre.

Qu'un industriel monte un établissement, qu'un entrepreneur ouvre un chantier, qu'un commerçant établisse une boutique, qu'un rentier place son argent, qu'un cultivateur fasse valoir sa terre, qu'un propriétaire loue ses maisons, dans la Société d'aujourd'hui, quand les salaires et les matières premières sont payés, les amortissements et réserves assurés, il doit rester un surplus. C'est la raison même de toute entreprise économique. Ce surplus peut s'appeler bénéfice commercial, profit industriel, intérêt d'argent, rente foncière, loyers. Dans tous les cas où il y a entreprise, la loi générale, qu'on peut dire être sans exception, est que ces revenus ou surplus sont répartis proportionnellement au capital engagé.

S'il s'agit d'œuvre individuelle, le bénéficiaire calculera ses pertes ou ses gains d'après les sommes qu'il aura mises dans l'entreprise.

S'il y travaille lui-même, il comptera à part la rémunération de son effort, au moins mentalement, et l'estimera en tant qu'effort du travail et seulement comme tel.

S'il s'agit d'une Société en commandite par actions ou obligations, celui qui y place ses capitaux n'entend connaître que des nombres, celui qui a mis 100.000 fr. doit toucher cent fois plus que celui qui n'en a mis que 1.000 ; c'est le capital qui compte, c'est lui qui est rémunéré. Un sou vaut un sou, cent francs valent cent francs.

C'est la caractéristique même du système économique prédominant et c'est du reste pourquoi chacun l'appelle le régime capitaliste.

Or, on peut dire que, par excellence, la Société coopérative de consommation est anti-capitaliste. Elle n'est pas la négation pure et simple du régime économique existant. Elle est mieux que cela. Elle est la réalité vivante d'un autre régime qu'elle crée et fait vivre dans les cadres de l'ancien.

A la base de la répartition coopérative et dans chaque Société, c'est l'effort qui est récompensé. Plus le coopérateur aura été attaché à sa Société, et dans une proportion strictement exacte, plus il en recueillera le profit ; si ses achats à la coopérative ont été de mille francs, il touchera 10 fois plus que celui qui n'en aura pris que pour cent francs. Nul compte ne sera tenu à ce point de vue du montant de l'action qu'il aura souscrite ; qu'elle soit de 25 ou de 100 francs, qu'il l'ait versée entièrement ou libérée seulement d'un dixième comme le permet la législation française. En tous les cas, la règle est la même. C'est proportionnellement aux achats de chacun que l'on répartit entre les membres chaque année ou chaque semestre ce qui est le bénéfice commercial. Et ceci sans exception, sans même qu'il soit possible de combiner avec d'autres règles de répartition.

Ce principe est tellement intangible que l'instinct des coopérateurs a même souvent conduit à des minuties de précautions. Par exemple beaucoup de Coopératives excluent d'avance ceux de ses membres qui, pendant un certain temps, n'ont pas acheté à la coopérative. Par exagération, certaines Sociétés sont même allées jusqu'à interdire que les actions rapportent un intérêt fixe proportionnel au loyer de l'argent, ou elles ont tendu à le réduire au plus bas taux possible. D'autres ont été jusqu'à interdire qu'un sociétaire puisse souscrire plus d'une action, ou même en ne lui donnant qu'une voix à l'assemblée générale, quel que soit le nombre des actions possédées. Si les Coopératives aujourd'hui tendent à revenir à une autre pratique, c'est simplement du fait de l'absurdité qui leur est apparue d'éloigner des capitaux dont elles ont besoin pour vivre et quelles étaient obligées de trouver ailleurs, ou chez des prêteurs ou chez des banquiers, à des taux plus élevés.

Elles avaient oublié que la coopération était d'abord une organisation de répartition des richesses et ne pouvait supprimer immédiatement le capital argent. En sa première phase, la coopération remplace simplement l'entreprise commerciale et son bénéfice privé.

En tout cas, la Coopérative de consommation a, par

là, et dans la minute même de ses précautions, marqué son caractère nouveau d'organe de répartition des richesses. Pour bien marquer la nouveauté du système, le bénéfice commercial privé a, en matière coopérative, un autre nom, il s'appelle la ristourne ou le trop perçu coopératif ; par là même, on indique ainsi l'idée qu'il s'agit d'une organisation économique dont le but n'est pas la course au bénéfice, la rémunération d'un capital au profit de son ou de ses détenteurs, mais à l'inverse, il apparaît qu'il s'agit d'une justice à établir et que le consommateur a des droits dépendants de ses achats, qui constituent pour lui une restitution. Ainsi est soulignée l'injustice de la répartition actuelle et le droit nouveau, celui du consommateur.

Du reste, une autre caractéristique de la règle spécifique de la coopération de consommation apparaît, c'est une organisation pour l'achat et la répartition, ce n'est pas une organisation de vente à autrui. L'institution coopérative est ainsi, au milieu des autres institutions économiques des temps présents, avec sa nature propre.

Le but de l'économie capitaliste est de produire non pour soi, mais de produire pour vendre ; toutes les institutions économiques fonctionnent avec ce « leit motiv », avec cette direction intéressée. L'économie de la coopération est absolument contraire : il s'agit d'une organisation qui est faite pour acheter, mais dans le but de répartir.

Répartition et vente sont donc deux opérations de sens bien opposés.

Quand on vend, ce n'est pas seulement pour faire plaisir à ses contemporains, c'est pour en retirer un avantage. L'institution économique peut être utile en soi, mais elle n'est debout dans la Société d'aujourd'hui que pour un motif : la course au revenu sans travail.

Quand la Coopérative au contraire fonctionne, elle représente les consommateurs, et la répartition des bénéfices au prorata des achats implique donc la mise en œuvre d'un autre moteur et d'un autre ressort économique, qui est l'intérêt du consommateur.

Disons donc que les principes de la coopération sont

opposés à ceux de « l'économie marchande ». Ici le monde économique se trouve transformé, l'intérêt du consommateur devient la directrice de l'institution économique. Plus loin, nous tirerons de la nature de la coopération les conséquences qu'elle comporte, mais notons de suite qu'il ne faudrait pas croire que cette différence dans la répartition des bénéfices n'a pas de répercussion sur le calcul des taux des bénéfices. Ces simples comparaisons le soulignent fort bien. Le trop perçu dans une Coopérative et pour une exploitation normale varie entre 4 et 8 p. 100 avec la vente au prix normal du commerce. Supposons un sociétaire ayant mille francs d'achats à la Coopérative, ce qui est une moyenne faible, il aura, avec un trop perçu de 5 p. 100, cinquante francs à toucher. Or, par rapport au capital qu'il aura engagé c'est-à-dire une action de 25 ou de 100 francs, cela peut représenter 50 à 200 p. 100.

Il est vrai que certaines Coopératives ne donnent pas sous forme d'argent leur ristourne. Les unes la distribuent en marchandises, les autres sous formes d'œuvres spéciales : œuvres de prévoyance et de solidarité. Tout au moins une part de cette ristourne est consacrée à ces œuvres, dans ce dernier cas, c'est une coopération d'ordre moral qui s'ajoute à l'œuvre de coopération matérielle ; mais aucune atteinte n'est apportée par là au principe même de la répartition au prorata des achats, et il y a simplement en vérité coopération sur coopération avec double cascade. Le bénéfice n'est pas davantage, bien au contraire, réparti proportionnellement au capital (1).

Ainsi donc, répartition proportionnelle des achats et intérêt du consommateur comme but de l'institution économique, voilà la Coopérative dans sa base essentielle ; et ce n'est pas là une affirmation *a priori*, la ce n'est pas seulement là un principe énoncé, c'est résultante de l'expérience. Toutes les Coopératives

---

(1) Du reste, en général, une *faible* part seulement de la ristourne est consacrée à la coopération morale de solidarité et de prévoyance venant ainsi s'ajouter au but principal de coopération matérielle et de ristourne au prorata des achats.

qui se sont créées en observant ces règles ont vécu et prospéré si des circonstances extérieures et leur constitution interne ne sont pas venues les entraver.

Au contraire, toutes les Coopératives qui s'en éloignent perdent peu à peu leur caractère, et disparaissent dans un temps plus ou moins éloigné.

Ce ne sont pas les principes qui ont déterminé la pratique mais la pratique qui a, peu à peu, permis de formuler les principes et c'est là une constatation bien curieuse, celle qui montre que, quelle soit l'époque ou quel que soit le lieu, la règle est pour ainsi dire établie sans aucune exception, et que ces principes même une fois formulés sont devenu, moteur d'action et ont permis d'éviter des écueils et des acoups. Leur respect a renforcé et activé le développement des organisations coopératives.

Mais, il n'en reste pas moins vrai que le critère de la loi organique de la coopération de consommation, est d'ordre expérimental et que sa loi d'existence est une loi de nature.

Voyons par exemple ce qu'il est advenu de certaines Sociétés coopératives qui ont contrevenu à la règle de répartition au prorata des achats. Les Pionniers de Rochdale l'ont les premiers adoptée, de là vient leur renommée ; mais avant et même quelquefois après, des associations de consommateurs pour la répartition des marchandises ont, par exemple, décidé que le bénéfice serait partagé également entre leurs membres. De Sociétés de ce genre il n'en existe pour ainsi dire plus ; dans une organisation pareille, les mauvais coopérateurs, ceux qui n'achetaient pas à leur Société se trouvaient avantagés au détriment des fidèles ; s'ils devenaient trop nombreux et maintenaient la règle de l'égalité du partage, la Société peu à peu mourait d'inanition et faute de clients. S'ils diminuaient de nombre, les bons coopérateurs formaient alors la majorité, tendaient à rétablir la justice et aboutissaient à la règle de répartition au prorata des achats.

Certaines Coopératives ont voulu amalgamer le principe capitaliste au principe coopératif ; elles ont prévu que des dividendes seraient donnés aux actions, mais les ont limités et ont attribué le reste des bénéfices au prorata des achats; qu'est-il arrivé, même à celles qui ont réduit ce dividende à la portion congrue ?

Première hypothèse : les consommateurs consommant peu ou point étaient les plus nombreux et ont fait augmenter peu à peu les dividendes jusqu'au point où la répartition au prorata des achats ne comptait plus; dans ce cas, l'association est devenue une association capitaliste ordinaire ou a rapidement succombé.

Deuxième hypothèse : la Coopérative a cessé de prendre de nouveaux sociétaires avec les mêmes droits que les anciens ; ses clients se sont alors éloignés de la coopération.

Troisième hypothèse, les coopérateurs coopérant ont apporté la vie à la Coopérative par l'accroissement de leurs achats, puis ils ont peu à peu voulu éliminer les actionnaires non consommants et ont abouti à obtenir contre eux la suppression des dividendes.

Ainsi, la Coopérative a, ou bien succombé, ou elle s'est tranformée en Société capitaliste ; ou bien enfin, elle a revêtu un caractère complètement coopératif par l'adoption de la règle totalement appliquée de la répartition au prorata des achats.

Ainsi donc, une force interne oblige la coopération à rester elle-même. Sa vie et sa force sont dans le respect de son caractère propre, opposé totalement au milieu du monde capitaliste. C'est une nouvelle Société économique dans les cadres de l'autre.

B) Égalité des sociétaires.

La deuxième règle de vie de la coopération est d'ordre *juridique*, elle consacre la forme de gestion et le droit du consommateur dans la Société.

La coopération est d'essence démocratique ou plus exactement de « self-self » administration, comme disent les Anglais. Elle consiste donc dans l'égalité des membres sociétaires et dans leurs droits égaux à la gestion, c'est une règle de droit. Elle se résume dans une formule anglaise extrêmement expressive : « un coopérateur : une voix ».

Certes, la coopération se distingue encore de toutes les entreprises économiques du régime capitaliste et particulièrement des organisations du commerce privé, sans parler de l'entreprise individuelle où le possédant est le seul maître — (charbonnier est maître chez lui). Dans la société anonyme capitaliste, où les Assemblées générales sont composées suivant l'importance du capital, la part de puissance est proportionnelle et seulement proportionnelle au capital.

A la Coopérative, que le sociétaire ait droit à une action ou à plusieurs, un coopérateur vaut un coopérateur; dans les votes, le nombre d'actions ne compte point mais seulement le consommateur associé.

Cette formule juridique ne semble, au premier abord, nullement spéciale à la coopération, elle paraît être simplement l'expression de la formule démocratique du suffrage universel qui donne à chacun une part égale de souveraineté, rend un homme égal à un autre pour l'exercice du droit à la gestion de la chose publique.

De même la souveraineté de l'Assemblée pour la direction d'une entreprise, constitue la formule de gestion de toute organisation collective et certaines organisations économiques capitalistes sont elles-mêmes fondées sur cette base.

Il y a certes analogie, mais cependant la souveraineté n'est que théorique dans les entreprises où des actions d'apport, des actions privilégiées, des sièges statuaires dans les Conseils d'administration et Commissions de contrôle y portent souvent atteinte.

Pour ce qui est de l'égalité du suffrage universel, ce dernier comporte souvent des exceptions, des limitations, des restrictions.

Quoi qu'il en soit, il est bien vrai que la coopération est un modèle de self-administration, un exemple de république ; la république étant entendue comme étant le bien de tous, géré par tous.

Cette règle coopérative n'est cependant pas comme la précédente, on vient de le voir, entièrement spécifique à la coopération, mais elle a une figure spéciale ; car, ce n'est ni l'actionnaire en tant que représentant d'une certaine puissance d'argent, ni l'homme pris comme représentant une unité de la souveraineté nationale qui est à la base de la gestion coopérative, c'est le coopérateur représentant une certaine force d'achats. Son pouvoir, certes, n'est pas proportionnel aux achats qu'il a effectués, quoique quelquefois, certaines Sociétés coopératives excluent d'elles-mêmes ou de leurs Assemblées générales (souvent des Conseils d'administration) ceux qui n'ont pas atteint un minimum de consommation à la Coopérative.

Ici, c'est la puissance potentielle d'achat qui constitue la souveraineté de fait. Qui est sociétaire de la Coopérative ? Un foyer : l'homme ou la femme, ou un membre de cette autre petite société coopérative qui s'appelle la famille, se trouve le titulaire de l'action. En vérité, c'est cette entité qui gouverne ; la Coopérative est une association de familles, même si pour quelques-uns la famille se réduit à une personne.

Donc, sur ce point, la coopération emprunte au milieu politique des formules d'organisation similaire, mais en leur donnant une figure particulière. Fait étonnant, cette règle coopérative, comme la première règle n'est pas davantage un principe *a priori*, elle est elle-même une conséquence de l'expérience. Seules, les Sociétés coopératives qui l'appliquent parviennent à subsister au delà d'un certain temps et à vivre.

C'est ainsi que certaines Sociétés coopératives, particulièrement celles dues à des initiatives patronales, ont essayé de limiter les droits souverains de l'Assemblée : les unes, en réservant des places au Conseil à certaines catégories, les autres, en donnant une voix par action jusqu'à 5 ou 10 actions, ou en obligeant à une souscription d'actions proportionnelle au nombre des membres de la famille, tendant ainsi d'amalgamer le principe démocratique de la coopération au principe capitaliste de la Société anonyme actuelle. Mais qu'est-il arrivé ? C'est que les Sociétés sont mortes ou se sont transformées en Sociétés capitalistes ordinaires au bout d'un certain temps.

Par exemple dans une Coopérative où certains se sont réservés plus de droits que d'autres, les possesseurs de ces actions sont tentés par l'importance qu'ils peuvent conquérir dans l'Assemblée, de songer, peu à peu et avant tout, à l'intérêt de leur argent. Un jour, ils veulent obtenir des dividendes, de ce moment, la Coopérative n'est plus; ou bien, et c'est le cas le plus fréquent, le résultat est de dégoûter les sociétaires à droits réduits. Dans ce cas, si ces derniers sont assez nombreux, ils transforment la Coopérative en la mettant sur des bases complètes d'égalité; ou ils quittent la Société pour en fonder à côté une qui soit une véritable Coopérative.

Remarquons encore que, si la forme de gestion républicaine de la Coopérative semble empruntée au régime politique de la démocratie, ce régime semble lui-même en contradiction complète avec le système économique actuel qui repose sur une base tout opposée; il semblerait donc que la démocratie serait bien plutôt un régime politique adéquat à un régime social qui reposerait sur la forme économique de la coopération et avec lequel elle ne serait pas en contradiction. Il apparaît, qu'ici, la forme politique du régime nouveau a précédé la forme économique à laquelle elle correspond.

C) La vente au prix juste du commerce.

La troisième règle coopérative, ou loi organique de la Coopérative, est de nature *commerciale*, c'est la vente au prix du commerce courant ou légèrement au-dessous.

La Société coopérative vit sous le régime économique de la libre concurrence. Elle tient à la Société actuelle. A l'envers des deux règles précédentes (la première lui donnait une physionomie propre, la seconde était celle également des organisations politiques de la démocratie), cette troisième en fait une institution qui part au contraire du régime actuel et la situe dans les cadres de la Société capitaliste.

C'est grâce à l'existence de la libre concurrence que la Société coopérative peut exister. Que le commerce soit monopolisé, que les échanges se fassent sous forme de transactions directes plus ou moins rapprochées du troc : elle n'est plus. C'est donc par là qu'elle est liée au régime économique nouveau. Non seulement elle est ainsi comme un prolongement des principes économiques actuels, mais elle semble les respecter jusque dans leur fonctionnement puisqu'elle vend sensiblement au même prix que le commerce.

Encore faut-il cependant s'entendre sur l'expression « vendre sensiblement au même prix ». La Coopérative ne vend pas très souvent au prix du commerce privé, bien au contraire. En réalité, elle est en moyenne au-dessous et quelquefois très au-dessous des prix de l'intermédiaire, mais cela tient précisément à ce que le commerce privé ne vend pas toujours aux *prix normaux*.

Dans une période comme la guerre ou la crise économique qui l'a suivie, les produits manquent. Il y a raréfaction de la production, insuffisance de transports. la libre concurrence ne joue pas et ne peut jouer. Si l'offre est insuffisante, si ceux qui détiennent les marchandises jouissent d'un véritable privilège qui confine au monopole, la demande de son côté est désaxée, les besoins extrèmement variables, la puissance d'achat désorbitée par suite de la surabondance du papier monnaie ; il s'en suit donc que, d'une façon normale, les intermédiaires privés peuvent vendre aux prix qu'ils veulent ; de là, du reste, le mot à la mode de « mercantis ». Les commerçants prennent alors des bénéfices *anormaux*. La Coopérative ne les suit pas sur ce terrain ; elle continue à vendre non pas au prix de revient, mais au prix où les commerçants devraient vendre, à un prix qui leur laisserait encore *le bénéfice commercial normal* de l'organisation capitaliste actuelle ; c'est ce que l'on appelle vendre au *prix juste*.

A quoi correspond donc ce prix juste ? Nous l'avons dit plus haut ; il correspond à une majoration moyenne égale aux frais généraux : loyer, contributions, salaire du personnel, c'est-à-dire les frais des boutiques et aussi aux frais généraux communs, comptabilité, direction et amortissement. Il comprend en sus une marge équivalente à la rémunération du capital, comme capital-entreprise et comme capital-argent, et aux sommes nécessaires à son renouvellement, c'est-à-dire aux fonds de réserve et même de développement (1).

En France et avant la guerre, en matière d'alimentation générale, ce prix juste correspondait en épicerie à une majoration moyenne de 15 à 20 p. 100 du prix de vente sur le prix d'achat (2).

En boucherie, cette majoration atteignait 30 p. 100. Pour certains articles comme la chaussure ou la mercerie, elle pouvait aller de 30 à 40 p. 100. Ces chiffre, ne peuvent être qu'approximatifs, car, suivant les pays, les majorations sont très variables. En France, les majorations étaient moins fortes qu'en Suisse. Elles tendaient à diminuer depuis la constitution du grand commerce et l'évolution commerciale vers les Sociétés à succursales multiples qui, ayant à leur disposition les bénéfices de gros et de détail peuvent réduire légèrement ce dernier.

Le taux des majorations varie de province à province, de localité à localité, soit en raison des différences d'approvisionnement ou du coût du transport, soit en raison de la différence de rémunération du personnel, soit encore en raison des pertes et du coulage. Aussi, la majoration est beaucoup plus élevée à Paris qu'en province et plus faible dans les centres industriels que dans les autres milieux.

Remarquons qu'il s'agit de majoration moyenne, car pour l'alimentation, une loi de technique commerciale apprend que l'expérience permet de charger les marchandises de majoration très différentes. Ainsi, le sucre peut supporter une majoration au maximum de 4 à 5 p. 100, le vin, au contraire, peut être majoré de 20 à 30 p. 100, mais l'équilibre s'établissait facilement

---

(1) Notons bien que le bénéfice commercial n'est pas fait du travail personnel du commerçant, qui se compte à part et peut être estimé à la rémunération qui serait donnée à un employé qui ne serait pas l'intermédiaire.

(2) Il ne faut pas confondre la majoration au prix de vente ou au prix d'achat.

et la moyenne allait, comme nous l'avons dit, vers les 20 p. 100.

Or, la Coopérative suit cette règle : elle ne majore point toutes ses marchandises également de 15 à 20 p. 100; mais vendant au juste prix, la coopérative substitue au bénéfice du capital du commerçant privé la ristourne annuelle du trop-perçu au prorata des achats, ce trop-perçu; étant lui-même du reste calculé en moyenne. Il était dans une exploitation régulière et bien administrée, de 4 à 8 p. 100 du chiffre d'affaires, chiffre variable suivant les époques et les régions.

Le mot « trop-perçu » donné au bénéfice commercial de la coopérative souligne tout à fait le caractère de prélèvement. On rend ce que l'on a perçu en trop chaque jour. Mais alors, dira-t-on, pourquoi la Coopérative vend-elle au prix du commerce privé, pourquoi ne vend-elle pas au prix de revient, pourquoi ne fait-elle pas profiter le consommateur immédiatement du prix avantageux? En général, c'est du reste ce que pensent les néophytes de la coopération pour qui celle-ci signifie bon marché immédiat, c'est même ce que très longtemps des coopérateurs n'arrivaient que difficilement à saisir.

Pourquoi donc, la coopération qui veut se substituer au commerce privé, éliminer le bénéfice commercial ne le ferait-elle pas délibérément et de suite? Mais il y a un fait qui est là comme base de l'expérience, plus fort que tous les raisonnements. Des Coopératives ont essayé et essaient encore de vendre au prix le plus bas possible. Implacablement, ou elles succombaient, ou elles sont obligées de revenir à la règle séculaire du prix juste. Là encore la pratique fait la règle et indique, si l'on peut dire, la loi de nature de la coopération.

Des milliers d'associations d'achat en commun ont tenté la vente au prix de revient; elles n'ont eu, pour la plupart, qu'une vie précaire. Une organisation qui vend au prix de revient ne peut le faire d'abord strictement, les majorations étant variables dans le commerce privé pour chaque marchandise. Si elle le faisait, elle offrirait du sucre beaucoup plus cher que chez ses concurrents privés et beaucoup moins cher son vin en reprenant nos exemples de tout à l'heure. Or, son sucre ne s'écoulerait jamais et elle manquerait toujours de vin. Mais, dira-t-on, puisqu'on a admis la majoration moyenne, pourquoi alors ne pas réduire le prix des marchandises de 4 à 8 p. 100 correspondant au trop-perçu éventuel réparti en fin d'année ou de semestre à la Coopérative. Une difficulté pratique très grande se présente. Théoriquement c'est possible, mais pratiquement, on risque d'être au-dessous du prix de revient réel et à la merci d'un mauvais achat, d'une vente in-suffisante, de rossignols perdant de leur valeur, d'un coulage, d'une perte inattendue. Enfin, les capitaux coopératifs étant forcément faibles, il n'y a plus de fonds de roulement, or ceux-ci sont assurés par la vente au-dessus du prix de revient; il n'y a point d'ar-gent pour faire d'achats en gros et bien placer la Société. La vie de la Société est suspendue à un fil, vouée à la stagnation, sans espoir de développement normal et sans espoir de grandir. C'est ce qui fait le caractère précaire des Sociétés coopératives qui ont tenté ce système.

Toutefois, la Coopérative doit toujours tendre à vendre plutôt légèrement au-dessous du prix du com-merce et alors, l'inconvénient est moindre. Elle ne se laisse pas ainsi entraîner par la tendance de ses concur-rents privés qui naturellement, et surtout quand la concurrence ne joue pas, veulent dépasser le prix juste, le taux normal d'exploitation et de bénéfices que pour-tant leur donne déjà régulièrement la Société capita-liste.

La coopérative est ramenée d'elle-même et pratique-ment à la règle énoncée. C'est ainsi que certaines Sociétés, à l'opposé de la vente au prix de revient, ont quelquefois tenté de vendre au-dessus du prix du com-merce, quelquefois jusqu'à 5 ou 10 p. 100, mais alors qu'est-il arrivé? Ces Sociétés disaient : qu'importe que le coopérateur paie un peu plus ou un peu moins, en fin de compte, pour lui, le résultat sera le même : il paiera chaque jour un peu plus et il touchera à la fin de l'année un peu plus également. N'est-ce pas utile, disaient les partisans de cette thèse, que la coopération oblige le consommateur à une sorte d'épargne obligatoire, la grosse ristourne ne présente-t-elle pas mille avantages, car ainsi la Société s'assurera dans ses caisses beaucoup plus d'argent pour vivre et pour se bien placer commercialement? Et cependant avec ce système, peu à peu, ces coopératives voyaient leurs frais généraux s'augmenter, le coulage se produire, elles étaient hors de la « norme » économique. Si elles réussissaient partiellement, elles n'étaient plus une institution économique mais seulement une œuvre de prévoyance et de mutualité et ce n'étaient plus les consommateurs qui y étaient intéressés en tant que tels. Quelquefois ces sociétés, un beau jour, se trouvaient du reste devant des situations financières embarrassées et la ristourne diminuée conduisait à l'effondrement, faute d'une éducation du consommateur. Celui-ci ne se rendait plus compte que la coopération élimine le bénéfice du commerçant et ne peut ni faire plus, ni faire moins.

Enfin, si la Coopérative est vouée expérimentalement à la vente au prix juste et si elle subit la loi organique de la Société actuelle, la concurrence libre de la Société marchande, elle en recueille un autre grand avantage, qui aujourd'hui devient et demeure l'un de ses apanages. Elle régularise les prix, non pas seulement pour elle, mais pour le marché tout entier. En France surtout, où la coopérative vend de plus en plus au public, cet avantage est encore plus marqué. La Coopérative, organe naturel de régularisation des prix, est l'étalon du marché; c'est le témoin toujours présent de ce qui devrait être le prix de tout le monde, la coopérative, tout à la fois vend au prix normal que doit vendre le commerce privé, et elle oblige ainsi le commerce privé à vendre à son propre prix (1).

En ce sens, la Coopérative est une institution publique pour l'établissement et la fixation du cours des mar-

(1) C'est du reste ce qui fait qu'il ne lui servirait à rien de vendre au prix de revient, car le commerce privé vendrait facilement à son prix et même plus bas jusqu'à sa disparition. Celle-ci ne saurait être éloignée si le consommateur précisément n'avait été attiré à la Coopérative que par l'idée du bas prix.

chandises. Elle peut ne grouper qu'une partie des consommateurs d'une localité ou d'un quartier, cependant du jour où elle existe et au nom même de la concurrence, le commerce privé se rapproche toujours de ses prix; il ne peut se plaindre justement puisqu'il y gagne encore un bénéfice, son bénéfice normal : le revenu sans travail que le coopérateur garde pour lui avec la ristourne. Mais le simple consommateur, l'indifférent, l'adversaire de la Coopérative profite de la régularisation des prix, la Coopérative n'est donc pas faite seulement pour les coopérateurs; mais pour tous les consommateurs. Œuvre volontaire, due à l'initiative privée, elle n'en est pas moins une institution publique au profit de tous. Par excellence, elle sert l'intérêt général et c'est sa troisième règle de vie, règle d'expérience pratique de vendre au prix du commerce qui lui donne ce nouveau caractère. Elle emprunte à l'économie actuelle son principe d'action privée pour le transformer en ressort d'action collective; nous pourrions presque dire d'elle qu'elle est de l'individualisme collectif. C'est la notion de l'intérêt personnel associé comme celui de la libre concurrence qui forme ainsi curieusement la base de la coopération au point de vue commercial.

La coopération, par sa troisième règle de vie, part de la Société actuelle où elle s'adapte pour en sortir un monde économique nouveau conforme à ses caractères propres, qui sont ceux des deux premières règles que nous avons examinées plus haut.

D) L'actif net inaliénable et collectif.

La quatrième règle de l'organisation coopérative, sa quatrième loi fondamentale est plus particulièrement une règle *financière*, ou tout au moins est le résultat de sa politique financière.

L'actif des Coopératives appartient à la Société et aucun de ses membres ne peut prétendre y avoir droit.

Les sociétaires apportent à la Coopérative, en dehors

de leur force éventuelle de consommation, l'argent qu'ils souscrivent et versent sous forme d'actions.

Le capital de la Coopérative est fait uniquement des actions souscrites par chacun des adhérents, mais le capital versé en argent se transforme en matériel, en immeubles, en immobilisations, en stocks, en fonds de roulement. Ces dépenses ne sont pas amorties si l'exploitation a été déficitaire : le bilan de la Société accuse alors les pertes. Mais ce qui arrive le plus fréquemment, c'est qu'il y a un *actif net* ; c'est-à-dire un surplus de valeur comme résultat de l'exploitation, déduction faite du capital qui a été souscrit par les sociétaires. En effet, chaque année, la totalité des bénéfices n'a pas été exactement répartie entre tous les participants, les « valeurs » de la société ont pu augmenter en dehors de l'exploitation commerciale (par exemple un immeuble), puis certaines Coopératives limitent leur trop-perçu de crainte que des administrateurs, mauvais prévoyants, ne soient tentés de donner ou d'habituer à plus de trop-perçu qu'il ne convient régulièrement.

Enfin, toute Coopérative prévoit dans ses statuts des réserves prises sur les bénéfices pour parer aux mauvais coups du sort. En France, la loi oblige à ces réserves ; certaines Coopératives prévoyantes élèvent fortement ces prélèvements auxquels elles ajoutent des réserves extraordinaires et des fonds de développement; or, dans le cas ordinaire où l'exploitation coopérative a donné des résultats heureux, non seulement ces fonds ne sont pas absorbés mais constituent un surcroît d'actif.

Qu'en devient-il dans une Société coopérative? Dans les entreprises capitalistes, il doit revenir un jour ou l'autre à celui qui a placé ses fonds sous forme d'actions et proportionnellement au capital engagé, et il s'en suit que les actions baissent et haussent suivant les résultats d'exploitation ou ceux que l'on peut escompter.

A la coopération, il en est autrement. L'action ne monte ni ne baisse, elle n'a pas de valeur « en bourse », elle est fixe, ce que chaque sociétaire a versé, il peut le retrouver à tout moment, il ne retire jamais exactement que ce qu'il a mis, il n'a pas droit à sa réserve sous quelque forme que ce soit. En cas de liquidation, ceux-là qui sont encore sociétaires au moment où elle s'effectue peuvent, en raison de la garantie donnée aux tiers, voir subir une diminution au remboursement de leur action, diminution proportionnelle aux pertes; mais, dans le cas contraire, s'il y a actif plus élevé que le passif, chaque action ne reçoit qu'une somme égale à celle versée par le sociétaire, qui n'a aucun droit à une part de surplus. Mais alors, que devient-il, à quoi est-il attribué? Les statuts d'une Coopérative prévoient généralement que le surplus de l'actif est attribué à une autre Société coopérative, à une œuvre similaire, à une institution de bienfaisance ou de solidarité. Cette clause des statuts s'appelle la clause de *dévolution*, c'est encore une originalité de la coopération.

Là encore, c'est l'expérience qui peu à peu a conduit la Coopérative à suivre cette règle.

Des quatre conditions de vie d'une Coopérative, c'est cependant celle qui contient le plus d'exceptions. Non pas qu'aucune Coopérative adopte la hausse ou la baisse de ses actions, mais les statuts n'ont pas toujours prévu la *dévolution* à une autre œuvre. En réalité, les inconvénients de son absence ne sont que fort rares. Les Coopératives se donnent toujours une longue existence légale, 30, 50 ou 99 ans et même des délais de renouvellement, de telle sorte que la clause de dévolution ne joue qu'en cas de liquidation anticipée ou de mauvaises affaires. En attendant, au cours de son histoire, chaque Coopérative est peu préoccupée de cette éventualité. Même si elle n'a pas la clause de dévolution dans ses statuts, elle agit comme si elle y était. Les réserves ne sont point du patrimoine du sociétaire, elles sont bien possession de la Société.

Les Coopératives qui auraient ou ont accepté de laisser la hausse ou la baisse de leurs actions ont au contraire succombé et ont rapidement cessé d'être des Coopératives. Ce principe du surplus d'actif devenant propriété collective, pour ainsi dire propriété de main-morte, est en réalité, lui aussi, une règle d'expérience pratique.

Une Société ne l'applique-t-elle pas? Ceux qui la composent ont peu à peu intérêt à fermer la porte à de nouveaux sociétaires pour donner une augmentation de leur action. Si l'exploitation est heureuse, ils se contentent de garder les nouveaux clients comme adhérents, mais alors, peu à peu, la Société coopérative devient une Société capitaliste ordinaire. Le rôle comme consommateur de l'actionnaire devient moindre jusqu'à disparaître totalement et tout doucement, à moins qu'à l'intérieur de la Société, les véritables coopérateurs ou consommateurs, voyant sacrifier leurs intérêts au profit de l'intérêt capitaliste, de l'augmentation de l'action, ne réclament. Ils s'aperçoivent de la méthode au trop-perçu diminué, à l'extension de la Société ralentie, en réalité la Coopérative n'a point d'avenir, elle meurt d'inanition, ses jours sont comptés.

Au contraire, la Coopérative qui fonctionne avec l'action au prix fixe, si elle est bien gérée, voit son patrimoine collectif augmenter, par là même ses charges diminuer, elle peut écarter les prêts, les créances à intérêts, elle devient son propre banquier. Si elle est propriétaire, elle se libère du loyer comme de l'intérêt de l'argent, deux formes de revenus sans travail. Immédiatement, elle se placera mieux dans ses achats effectués en gros; son avenir est assuré, elle est à l'abri de tous les mauvais coups du sort. Ainsi donc, la Coopérative pratique cette règle ou elle n'est plus. En la pratiquant, l'expérience la pousse, dans l'intérêt même des consommateurs qui la composent, à augmenter la part des réserves; c'est pourquoi du reste les plus anciennes Sociétés coopératives sont celles qui sont arrivées à prévoir les plus grosses réserves et pourquoi les plus grandes Sociétés, les plus florissantes, tendent toujours à augmenter le taux de leurs prélèvements statutaires qui sont le bien commun de la Coopérative.

Ce caractère financier des fonds de réserve tend toujours à composer une part de plus en plus importante du patrimoine coopératif proportionnellement au capital des actionnaires, mais cette constitution d'un fonds de la Société lui permet sans arrêt des extensions nouvelles. En vérité, il assure à l'institution économique, qui s'appelle la Coopérative, un caractère de survie à ceux qui la composent et d'organe permanent d'organisation économique.

Là encore la Coopérative trouve un des facteurs qui en font, dans les cadres de la Société économique actuelle, le moyen de substituer à celle-ci un régime nouveau.

Ne peut-on du reste remarquer que la part de la Société est la part de l'avenir ? C'est du reste ce qui la pousse à se préoccuper toujours davantage de l'intérêt général économique et non pas seulement de l'intérêt présent et empirique. Dans la course au profit des institutions de la Société capitaliste, il en est rarement ainsi. L'expérience, beaucoup plus que la volonté des coopérateurs, a du reste beaucoup plus conduit à l'obligation pour elle d'assurer ces règles et lui a donné ainsi une supériorité pour le progrès général de la civilisation.

CHAPITRE III

___

LES LOIS D'ÉVOLUTION
DE LA COOPÉRATION

Nous venons d'examiner les lois organiques de la coopération. Voyons maintenant quelles sont les lois de son évolution. Les unes, du reste, sont conséquence des autres. Les règles directrices du développement des Coopératives sont faites des règles qui président à leur existence et à leur fonctionnement intérieur. Elles sont au nombre de deux principales; on peut les énoncer ainsi :

1° Chaque Coopérative de consommation contient en elle une possibilité d'extension indéfinie et un ressort naturel interne qui l'y pousse;

2° Les progrès des Coopératives de consommation sont concomitants avec l'évolution économique progressive de la Société actuelle dans les cadres de laquelle elles fonctionnent et se développent.

A) Loi d'extensibilité indéfinie.

a) L'EXTENSIBILITÉ DES SOCIÉTAIRES. — L'extensibilité peut se traduire par le nombre de personnes qui deviennent sociétaires et également par le nombre de besoins auxquels on satisfait.

Une Coopérative tend inévitablement à faire toujours de nouvelles recrues; c'est l'intérêt de l'organisme, c'est l'intérêt de tous ceux qui le composent. Chaque fois qu'un nouveau sociétaire se présente, il apporte une force de consommation éventuelle. Ses achats, ajoutés à ceux des sociétaires qui l'ont précédé, ont pour aboutissant d'augmenter le chiffre total d'affaires de la Coopérative, et il en est de même de la fidélité croissante de chacun des coopérateurs. Ainsi donc, les coopérateurs déjà conquis ont intérêt par une émulation mutuelle à pousser aux achats de chacun, car les frais généraux d'une Société coopérative ne sont pas, comme on pourrait le croire au premier abord, exactement proportionnels au chiffre d'affaires.

Dans une boutique, les salaires par exemple payés au gérant, ou à la commandite, ou aux employés, sont calculés d'après le chiffre d'affaires (3 à 5 p. 100), mais les frais généraux : frais des boutiques, loyers, impôts, assurances, éclairage, chauffage, et les frais généraux communs restent pour une large part stationnaires avec l'augmentation des ventes. Ainsi donc, les trop-perçus, les résultats de l'exploitation sont d'autant meilleurs que les coopérateurs sont plus nombreux et plus attachés à se fournir à leur Société. Non seulement tout nouveau venu est un « bienvenu », mais chacun s'efforcera de conquérir de nouveaux adhérents, de se faire propagandiste bénévole de la Coopérative dans son propre intérêt. C'est du reste le sens pratique de la formule de la coopération : « Chacun pour tous, tous pour chacun. »

Mais ce n'est pas seulement par le chiffre d'affaires que l'afflux de nouveaux membres est intéressant: plus les affaires sont importantes, plus les achats en gros, c'est-à-dire effectués dans de bonnes conditions, se présenteront fréquemment; or, en matière de commerce, les prix baissent souvent avec l'étendue des achats. D'autre part, chaque sociétaire souscrivant, pour entrer dans la Société, une ou plusieurs actions, le capital sera augmenté et ainsi la Société pourra se permettre d'entreprendre des opérations plus vastes et obtiendra des crédits plus considérables.

La coopération, en ce sens, est totalement à l'opposé de la plupart des entreprises économiques du régime capitaliste. Dans une Société commerciale, financière, industrielle, anonyme, si l'apport du capital peut en un certain sens être utile, il n'en reste pas moins vrai que le bénéfice étant réparti proportionnellement aux sommes engagées, moins on sera nombreux plus les dividendes et les profits seront importants pour chacun. Tout nouvel arrivant est un adversaire, un danger qu'on subit quand on ne peut pas faire autrement, quand l'affaire exige de nouveaux fonds.

C'est du reste ce caractère d'extensibilité naturelle qui constitue également une des grandes différences qui existent entre les Coopératives de consommation et les Coopératives de production. Dans ces dernières, les travailleurs se mettent ensemble pour travailler. « Quiconque veut y entrer n'amène que sa force de travail, mais point de commandes nouvelles ». Il participe aux bénéfices; et c'est une part de plus à faire du gâteau que l'on doit éventuellement se partager. Aussi, les Coopératives de production limitent-elles les entrées à la Société, elles font quelquefois accomplir un travail supplémentaire par des auxiliaires embauchés comme de vulgaires salariés sans participation partielle ou totale au résultat financier de la Société de production. Dans ce cas, la Coopérative de production devient une forme d'exploitation des travailleurs par d'autres travailleurs associés.

Dans la Coopérative de consommation, rien de semblable. On aboutit au contraire à chercher toujours de nouveaux adhérents et c'est du reste ce qui explique le mouvement qui entraîne chaque jour les Coopératives à être de plus en plus ouvertes à tout le monde.

Au début des créations nouvelles, quelquefois, les coopérateurs croient que le recrutement sera plus facile à effectuer en restant entre eux, soit qu'ils soient ouvriers d'une même usine, habitant un même quartier, professionnels d'une même corporation ou partisans d'une même opinion ; la Coopérative est alors syndicale, politique, confessionnelle. Elle part en réalité de l'idée de famille ; mais peu à peu, dans un temps rapproché, les coopérateurs s'aperçoivent de leur erreur ; ils comprennent que fermer la Coopérative aux nouveaux sociétaires n'est pas leur propre intérêt. Ils arrivent à penser que c'est leur devoir de l'ouvrir à tout le monde et qu'ils n'ont pas le droit de refuser à d'autres consommateurs les bénéfices et les avantages de la coopération. La notion du devoir envers les autres consommateurs sort, pour ainsi dire, de leur intérêt, tellement l'intérêt individuel, ou collectivement individuel, est conforme à l'intérêt général, à l'intérêt de tous. Aussi, voyons-nous chaque jour des Coopératives ouvrir leurs portes, quelquefois même en sacrifiant certains avantages particuliers. Par exemple, des employés de chemins de fer, qui bénéficiaient auprès de leur Compagnie ou de l'État de tarifs de transport spéciaux, n'hésitent pas à les abandonner pour établir dans leur localité la Coopérative ouverte à tout le monde.

Le caractère de la coopération ouverte se caractérise peu à peu par la disparition de toutes les clauses restrictives à l'adhésion : parrainage, stage, ratification, se font de plus en plus rares. Les conditions, même pour être administrateurs ou pour participer aux Assemblées générales, se réduisent à la règle strictement coopérative du minimum de consommation imposé aux candidats.

Restrictions et formalités disparaissent, alors que pourtant quelques-unes, à leur début, constituaient des garanties contre les mauvais bergers, comme par exemple l'interdiction à des commerçants ou à des concurrents éventuels d'en faire partie.

Peu à peu, s'élabore un droit nouveau que l'on peut définir ainsi :

Tout consommateur n'a pas seulement le devoir d'être coopérateur, il en a le droit. Dans la mesure où la Coopérative a la prétention de se substituer entièrement au commerce privé, il n'est d'ailleurs rien de plus naturel ? Ce n'est plus une association particulière mais une collectivité publique qui ne peut refuser à quiconque le droit de vivre c'est-à-dire de consommer.

C'est également la tendance à l'extensibilité qui conduit la Coopérative à exiger des coopérateurs nouveaux des premiers sacrifices de moins en moins grands. Ces droits d'admission empruntés à d'autres formes d'associations comme la mutualité disparaissent. Les actions sont libérables par dixième, elles ne sont complétées que par des versements mensuels très faibles ou, le plus souvent, par les ristournes de fin d'année. Il est vrai que les circonstances de ces dernières années, qui ont nécessité des capitaux plus importants, ont conduit aux actions de 100 francs, alors qu'auparavant, le minimum, souvent employé, était de 25 francs; mais, en réalité, les charges ne sont pas plus élevées si l'on tient compte de la baisse de la valeur de l'argent.

Bien mieux, pour obtenir de nouveaux sociétaires, en France, n'a-t-on pas été jusqu'à créer des adhérents qui, moyennant 1 ou 2 francs, ont le droit à la ristourne sans avoir droit à la gestion. Automatiquement s'ils sont des coopérateurs fidèles, c'est-à-dire acheteurs à la Société, ils deviennent des sociétaires.

Enfin, en France, où cela est possible, les Coopératives vendent au public. Du jour où elles se sont vues frapper des impôts qui atteignaient les commerçants ordinaires, — et pourtant elles prétendent ne pouvoir être assimilées à ceux-ci, puisqu'elles n'achètent pas pour vendre, mais qu'elles achètent pour répartir, — elles n'ont pas hésité à trouver dans la vente au public un moyen d'améliorer leurs conditions d'exploitation et cela en rendant service à tous (1).

b) L'Extensibilité par genre d'opérations. — Mais la coopérative tend à s'étendre également en multipliant

(1) Cette vente au public pouvait cependant présenter un inconvénient si les bénéfices de la vente au public retournaient aux sociétaires, il y aurait alors exploitation du public au profit des sociétaires, car la répartition au prorata de chacun se trouverait augmentée de la part des bénéfices du public; mais les Coopératives ont paré facilement à cet inconvénient, pour ne pas devenir Sociétés capitalistes. Elles ont stipulé dans leurs statuts que les bénéfices de la vente au public iraient à des œuvres de solidarité

ses branches pour satisfaire tous les besoins de la consommation. Rarement, la Société coopérative commence par une multiplicité de services. Elle n'entend
tout d'abord assurer la satisfaction d'un seul besoin,
le plus urgent et le plus facile à satisfaire. Tel est son
premier effort ; en général et pendant longtemps, ce
fut la Coopérative pour la fourniture du pain. La boulangerie a été la première forme de l'organisation.
C'était évidemment dans un pays comme la France le
souci d'assurer le besoin primordial qui a d'abord guidé
les premiers coopérateurs. En ces derniers temps, il
semble bien que c'est surtout la Coopérative, d'épicerie
qui constitue le premier souci des fondateurs de coopératives.

Il est du reste également certain que c'est cette
branche pour laquelle l'exploitation est aujourd'hui la
plus facile.

Il est donc à noter que la Coopérative en partant de
ces deux points de vue : utilité maxima et facilité de
réalisation, se place de suite sur un terrain économique
nouveau. Le choix des besoins essentiels ou les plus
communs servent de raison d'action. Cela est très différent du choix de l'intermédiaire dans l'exercice de sa
profession qui, lui, pense avant tout au profit à réaliser,
et ne songe nullement aux besoins, ni à la nécessité de
les satisfaire.

Mais la coopération, bonne pour les besoins primordiaux, ne tarde pas à paraître excellente pour tous les
autres. Ici, l'épicerie se trouve exercée sans spécialisation et devient service d'alimentation générale, Les
rayons, peu à peu, s'ajoutent les uns aux autres : c'est
la chaussure, la quincaillerie, la mercerie, auxquelles
songe le consommateur qui s'était organisé d'abord
pour un seul objet.

Pendant longtemps, les services de boucherie étaient

où le sociétaire ne pourrait escompter le seul bénéfice pour lui ;
elles ont prévu surtout l'utilisation des bénéfices de la vente
au public à des fonds de réserve et de développement qui sont
précisément la propriété exclusive et collective de la Société,
comme nous l'avons vu par la quatrième loi organique de la coopération.

rares dans le mouvement coopératif; les difficultés d'exploitation étaient plus considérables que pour d'autres branches de l'alimentation, mais la guerre a au contraire poussé la coopération dans cette voie. Le restaurant lui-même est devenu un objet de coopération et ainsi, peu à peu, tous les besoins veulent à leur tour trouver dans la coopération un moyen d'être satisfaits.

Jadis, la règle semblait conduire à la formation d'autant de coopératives qu'il y avait de besoins humains, au moins d'ordre matériel, mais une évolution différente s'est produite depuis quelques années. Aujourd'hui, on ne tend plus dans un même endroit à la multiplication des Sociétés. Ce sont les Coopératives existantes qui essaient de coordonner les efforts de faire face par une seule organisation à tous les besoins. Elles y sont naturellement conduites par des raisons d'exploitation économique pour réduire les frais généraux; et du reste, les difficultés d'exploitation dues à la co-existence de multiples organes éclatent aux yeux de tous les coopérateurs.

Mais, si la Coopérative est primitivement constituée comme boulangerie, épicerie, puis si ensuite elle a étendu son action à la boucherie, à la mercerie, ce n'est pas tout et on rencontre également des coopératives vinicoles, des brasseries, des services de charbon assurés par des Sociétés spéciales à cet effet. Enfin le rayon d'action vient aussi à s'étendre à l'habillement.

Se nourrir, manger et boire, se loger (meubler un appartement), s'habiller, se chauffer, rien n'échappe à l'investigation toujours plus grande de l'organisation Coopérative. En vérité, il n'y a pas jusqu'aux besoins immatériels qui n'arrivent à pouvoir être satisfait par les Coopératives. Chaque jour fait naître, ici une coopérative d'auteurs pour l'édition de leurs livres, là des coopératives de médecins pour l'achat de leurs instruments et, qui l'aurait dit, il y a même en Europe des Coopératives de cimetières?

N'est-ce pas la démonstration qu'à des degrés variables, avec une rapidité de réalisation différente le caractère d'extensibilité de la coopérative se manifeste dans toutes les directions et pour la satisfaction de tous les besoins. On part des plus urgents pour aboutir aux plus rares et aux plus divers. Fait à noter, l'évolution s'accomplit suivant des rythmes semblables, à travers tous les milieux et à n'importe quelle époque. La tendance à l'intégration et à la satisfaction de toutes les activités par une seule Coopérative devient la règle générale.

c) L'EXTENSIBILITÉ PAR LA COORDINATION DES EFFORTS. — De même qu'une branche nouvelle entraîne à une autre branche nouvelle, de même que chaque Coopérative multiplie ses services et que peu à peu toutes les Coopératives particulières disparaissent devant la Société s'occupant de faire face à tous les besoins, de même vient un jour où s'impose la coordination des efforts des Sociétés coopératives entre elles.

Les avantages obtenus par les coopérateurs, du fait de leur association, provient à la fois de la possibilité de pouvoir acheter en commun et de l'élimination du bénéfice commercial privé, mais ce qui est vrai pour chaque coopérateur n'est-il pas exact également pour chaque Coopérative ? C'est l'heure de la coopération au deuxième degré de ses aspirations. Le même principe continue à avoir sa valeur. Une Coopérative ne peut trouver qu'une aide dans la naissance d'une autre Société, laquelle du reste, a forcément son champ d'action à part et à côté de sa devancière (1).

Une nouvelle Coopérative n'est point un danger pour celle existante, à la même enseigne qu'un coopérateur de plus dans une Société n'est qu'un bienvenu pour les

---

(1) Il est malheureusement à constater qu'il n'existe pas toujours une seule Coopérative ayant le même objet dans une même localité ou le même quartier d'une ville, mais, fait remarquable, là où il semblerait que plusieurs puissent se disputer les sociétaires, il est fréquent qu'elles s'entendent pour les achats commun. La réalité c'est que très souvent, elles s'adressent à des milieux ou des classes sociales différentes. D'autre part, le mouvement de fusion (dont nous reparlerons) des Sociétés existantes et qui a progressé à pas de géant en ces dernières années correspond au même esprit et à la même tendance naturelle d'intégration, tellement est puissant le ressort qui les pousse à la coordination des efforts.

autres. En effet, ces Sociétés peuvent se documenter, se renseigner mutuellement sur les conditions du marché et cela sans se faire aucun tort. Elles sont donc conduites tout naturellement à lutter ensemble et, plus les achats en commun sont importants, plus les avantages sont considérables. Elles aboutissent encore pour une autre raison à la nécessité de se prêter assistance. Ne vivent-elles pas dans un milieu économique à bases absolument opposées et elles ne peuvent trouver en réalité que dans la même famille les aides et les conseils nécessaires.

Mais, le jour où commence la pratique d'achats en commun des Sociétés coopératives, sur quelles bases vont-elles constituer l'organisme qui remplira cette fonction?

Ce sera la Coopérative de gros des Coopératives de détail et inévitablement, les mêmes règles qui présigent à l'organisation de la Coopérative au premier degré vont s'appliquer à la coopération du deuxième degré. Les Coopératives de détail vont forcément donner leurs propres règles organiques à l'association commune.

La règle de répartition des bénéfices au prorata des achats subsistera ; chaque coopérative recueillera en fin d'année le trop-perçu suivant sa fidélité et ses efforts à l'organisme « commun ». On ne songera pas au capital que chacune y aura apporté. Quelle que soit l'importance des contributions financières à la Coopérative, la part de gestion et de souveraineté dans les Assemblées générales des institutions de gros sera calculée non pas proportionnellement au capital engagé, mais elle sera équivalente au nombre strict des consommateurs associés dans chacune des Coopératives. Autant de voix que de sociétaires par Coopérative, mais pas une de plus ; tel sera le principe appliqué. La vente, cette fois, à chaque Coopérative sera faite suivant les règles du prix de vente, égaux à ceux du commerce privé de gros et le surplus d'actif restera à l'Union des Sociétés coopératives sans que jamais celles-ci puissent réclamer plus d'argent qu'elles n'en auront engagé.

En résumé, ces organismes d'achats en commun

appelés Magasins de gros ou Coopératives de gros se constituent dans les mêmes conditions que chaque coopérative de détail, mais ils ne vendent qu'en gros et présentent cette particularité qu'ils sont Sociétés de Sociétés et non Sociétés de sociétaires.

Très rapidement du reste, le caractère de ces Sociétés, qui, pour débuter, sont souvent régionales, est bientôt de revêtir un caractère national. Il y a aujourd'hui à travers le monde des Magasins coopératifs nationaux dans tous les pays où le mouvement coopératif a une certaine force. Ils sont là comme une conséquence obligatoire du progrès de la coopération ; ils sont quelquefois complétés par des satellites régionaux, mais le plus souvent, ceux-ci deviennent des services décentralisés de l'organisme national unique. Le même rythme de coordination et d'unification peut être observé à tous les degrés des formations coopératives.

Pratiquement tous ces magasins de gros, quelle que soit la différence de milieu ou d'époque, ont tous à la base les mêmes principes que les Sociétés de détail. Ils les ont appliqués peu à peu, sinon de suite. Certains qui voulaient s'en écarter ont disparu ou sont devenus Sociétés à base capitaliste.

La Coopérative de détail ne s'était substituée qu'au commerce de détail et n'avaient éliminé qu'un revenu sans travail : le bénéfice commercial de détail. La Coopérative de gros se substitue au commerce de gros et élimine cet autre revenu sans travail beaucoup plus important, le bénéfice de gros du commerce privé. Elle le fait dans les mêmes conditions. Ainsi donc, ce stade réalisé, la coopération de consommation, par la totalité de son action, fait place à l'ensemble du commerce.

Ajoutons que, si la Coopérative de détail tend à s'étendre toujours à de nouveaux participants, à entreprendre de nouvelles branches, ceci est encore plus vrai de la coopération de gros ; là encore, tout associé nouveau, c'est-à-dire tout autre Coopérative (car le magasin de gros n'est fait qu'entre Coopératives et pour les Coopératives) est la bienvenue et c'est, peu à peu, tous les services et toutes les branches que les magasins de

LES MAGASINS DE GROS

		DATE DE FONDATION	CHIFFRE D'AFFAIRES 1918	CHIFFRE D'AFFAIRES 1919
Angleterre . . .	Manchester	10 octobre 1863	£ 85.601.687	
Ecosse	Glasgow	1er août 1868		
Irlande	»	»	£ 914.242	
Danemark . . .	Copenhague	3 juin 1884	Couronnes 74.643.050	
Pays-Bas. . . .	Rotterdam	Handelshamer } 1889 1890	Florins. . . . . . . { 10.000.000 16.328.202	
Suisse	Bâle	1890	Francs. 129.719.746	141.441.837
Allemagne. . .	Hambourg	1893	Marks 105.000.000	
Hongrie	Budapest	1898	Couronnes 126.775.127	209.807.104
Belgique. . . .	Anvers	1898	Francs.	15.112.772
Russie	Moscou	1898		
France	Paris (C.et G.)	1900		
—	Paris (M.D.G)	1906		
Suède	Stockholm	1903	Kronere 27.989.733	61.149.626
Finlande	Helsingfors	1904	Marks finlandais. . 107.715.834	129.414.904 (9 mar's)
Autriche	Vienne	1905	Couronnes 157.000.000	700.000.000
Norvège	Christiania	1906	Couronnes 5.917.900	12.000.000
Italie	Milan		Lires. 9.000.000	
Tchéco-slovaquie . .	Prague		Couronnes 37.206.326	290.231.453

SOCIÉTÉS DE DÉTAIL DE CONSOMMATION

	SOCIÉTÉS	MEMBRES 1918	CHIFFRE D'AFFAIRES	SOCIÉTÉS	MEMBRES 1919	CHIFFRE D'AFFAIRES
Angleterre (Union coopérative de Grande-Bretagne). .	1.364	3.846.531	155.161.963			
Ecosse.	»	»	3.878.949.075			
Irlande.	»	»	»			
Danemark	1.604	250.000	75.000.000			
Pays-Bas	170 / 45 / 192 / 407	155.000 / 48.000 / 25 000 / 228.000	40.000.000	407	228.000	
Suisse	461	341.826	237.595.776	476	355.000	260.000.000
Allemagne { Adhérents 3 organisations centrales. .	1.675	2.920.360	962.702.318			
Allemagne { Non adhérents — . .	600	»				
Hongrie	2.140	658.267	247.700.037			
Belgique.	»	»	»			
Russie	»	»	»			
France	»	»	»			
Suède { Sociétés adhérentes Union .	849	204.906	143.871 705			
Suède { — non adhérentes . .	334	»	»			
Finlande	523	177.000	368.000.000			
Autriche (act.), sociétés allemandes.	891	357.117	205.458.677			
Norvège	233	68.000	48.139.900	275	75.000	
Italie.	3814	»	»			
Tchéco-Slovaquie	433	139.727	94.395.597			

gros essaieront d'entreprendre pour satisfaire l'ensemble des Sociétés.

Voici quelques chiffres plus éloquents que toutes les démonstrations. Avec la date de fondation des Coopératives de gros rapprochée des chiffres d'affaires actuels (ceux connus le plus récemment), il sera facile de mesurer la grandeur du mouvement. (Voir le tableau ci-joint p. 56).

En le rapprochant également du chiffre d'affaires des Sociétés de détail, on verra comment les deux mouvements sont liés dans leur progrès réciproque, dépendant pour ainsi dire l'un de l'autre. (Voir le tableau ci-joint p. 57).

Cependant, en général, l'achat à la Coopérative de gros n'est pas une obligation pour chacune des Coopératives de détail adhérentes. Son développement est par conséquent dû à ses avantages propres, mais il y a de plus en plus une concordance grandissante entre le chiffre d'affaires fait par les Sociétés avec les consommateurs et celui fait par les Sociétés avec les Coopératives de gros. Plus les Coopératives de gros sont fortes, plus la proportion l'est également, la tendance à l'extensibilité de la coopération de gros est donc éclatante et d'autant plus intense que le mouvement grandit par sa base, c'est-à-dire par le développement des Sociétés de détail.

C'est à la totalité des besoins que la coopération de gros voudra faire face.

Règle organique des Coopératives de détail et principe d'évolution vers l'extensibilité, voilà ce que nous trouvons également à la base de la coopération au deuxième degré dans la besogne de coordination des efforts jusque-là isolés. Ces efforts se produisent aussi nécessairement que par l'effet d'un ordre naturel.

En conclusion, nous pouvons dire que la coopération au premier degré ayant un certain développement, porte en elle la nécessité de la Coopérative au deuxième degré.

d) L'EXTENSIBILITÉ DE LA COOPÉRATION DE GROS VERS L'ORGANISATION INDUSTRIELLE FINANCIÈRE, ET AGRICOLE.

La Coopérative va-t-elle arrêter son œuvre au commerce et de gros et de détail. Il semble qu'elle a un autre avenir. Sa constitution interne va la pousser encore dans d'autres voies et les résultats obtenus vont lui permettre d'atteindre d'autres fins. La tendance logique de son mouvement découlant de ses principes va du reste se trouver conforme à la pratique; l'une confirmera l'autre.

Le domaine d'investigation qui va s'ouvrir pour la coopération sera celui de la production. Jusqu'alors, elle était avant tout un organe de répartition des richesses, son œuvre était dans le domaine de la consommation ; c'est du reste sans modifications importantes dans son fonctionnement (au moins d'apparence), que la coopération du deuxième degré va être appelée à s'occuper d'industrie, de finances et même d'agriculture. La transition se fera insensiblement et sans résolution préalable de principe. Déjà la boulangerie coopérative n'est-elle pas à un certain sens une œuvre de production puisque les consommateurs fabriquent leur propre pain. Une fois la coopération debout, l'action vers la production est d'abord des plus modestes, c'est une Société d'épicerie qui brûle son café, c'est une Coopérative de boucherie qui abat ses animaux, un Coopérative de charcuterie qui possède son laboratoire. Ces services sont d'abord comme un complément nécessaire de son premier but de répartition. La coopération ne fait du reste en cela qu'imiter ses concurrents du commerce privé. Mais, c'est la coopération du deuxième degré qui, elle, se lance rapidement dans le véritable domaine de la production et dans la production industrialisée. Seule elle le peut parce que sa puissance d'achat et de vente lui permet rapidement l'écoulement complet des marchandises d'une entreprise productive. Elle y est conduite par la pensée de se libérer de ceux qui lui vendent, d'atteindre rapidement le producteur et de recueillir des avantages supérieurs qu'elle veut procurer à ses participants. Mais alors elle éliminera à son tour l'entreprise industrielle privée et réalisera l'élimination d'un nouveau revenu sans travail, le profit industriel.

Si elle a à sa disposition de puissants capitaux (et leur insuffisance seule l'arrêtera sur la route sans fin de son extension), elle préférera réaliser au profit des Sociétés coopératives, et par là même de tous les consommateurs qui sont associés, des bénéfices qui, dans l'entreprise industrielle actuelle, rémunéreraient seulement le placement des capitalistes. Dans ce cas, les résultats de l'entreprise économique de l'industrie retournent également à chaque coopérateur puisque des bonis sont donnés en fin d'année. On peut presque prétendre que, par l'intermédiaire de la Coopération de gros répartissant proportionnellement aux achats de chaque Coopérative et chaque Coopérative répartissant aux consommateurs suivant la même règle, c'est en réalité chaque consommateur coopérateur qui en dernière analyse s'appropriera une part du profit industriel.

Détail curieux, il n'y a pas un seul des Magasins de gros existants qui, dans un temps extrêmement bref, ne se soit livré à la production. Il n'en est point un seul qui ne veuille le faire, chaque jour davantage ; ce n'est même pas toujours l'esprit d'imitation qui les conduit, mais bien plus souvent la nécessité même du développement.

C'est une branche de la production qui, chaque jour, s'ajoute à une autre branche, les extensions se multiplient sans arrêt. Les M. D. G. touchent bientôt à toutes les fonctions de l'industrie. Les premiers essais sont rarement différents, presque toujours les mêmes ; bientôt, ils se rejoignent par la diversité même des efforts tentés jusqu'à essayer la production de tous les produits qui sont consommés dans les Coopératives et vendus aux coopérateurs.

Si l'on examine la production entreprise par les plus importants Magasins de gros du monde, on voit par avance ce que dans un temps déterminé les autres accompliront par une nécessité invariable. Voici par exemple le total des productions à l'heure actuelle entreprises par la Wholesale anglaise, par les Magasins de gros anglais, « le mastodonte », dans l'univers, de la coopération du deuxième degré. Ce totale représente une valeur de marchandises en 1919 de 449 millions sur une vente de 1 milliard 630 millions par le Magasin de gros anglais ; chaque année, les chiffres augmentent, il semble bien qu'un jour, c'est la totalité de ses ventes qui proviendra de sa production propre.

Si nous prenons les chiffres de la Wholesale écossaise, du magasin de gros écossais, qui a cependant un moindre champ d'action, le même phénomène se renouvelle sur une même échelle : 487 millions d'affaires et 150 millions de production.

Le curieux, c'est que les magasins de gros n'ont pour ainsi dire pas eu d'échec dans leurs efforts persévérants vers la production, c'est presque à coup sûr que l'extension s'opère. Aucune entreprise n'échappe à leur rayon d'action et ils réussissent peu à peu dans toutes les branches. Ainsi, la loi d'extensibilité de la coopération, poursuivant son chemin, insensiblement pousse à la totale consommation coopérative assurée par la totale production.

Cependant, ce n'est pas seulement le domaine industriel qui attire la coopération dans sa course échevelée et dans sa soif inextinguible d'expansion. L'industrie n'est pas seule dans ses attributions, c'est également une autre forme d'institution économique où bientôt la coopération de gros devient capable de puissantes réalisations. C'est dans le domaine financier que nous la voyons apparaître avec ses banques.

La Coopération de gros est obligée, dans ses relations avec ces Sociétés, d'escompter du papier, de payer ses fournisseurs d'avance ou à échéance. Toutes les opérations de banque deviennent pour elles une nécessité. A ses débuts, elle commence par se servir des banques privées, mais, obligée d'en subir les exigences, de passer par leurs conditions souvent onéreuses, elle est appelée à réfléchir. Les Coopératives ne peuvent attendre des aides bien sérieuses d'organisations capitalistes fonctionnant financièrement sous un régime économique diamétralement opposé au leur. Le crédit de la coopération se trouve limité obligatoirement par les banques privées. Il lui vient donc l'idée de se faire son propre banquier, soit qu'elle crée une Coopérative

spéciale de banque, soit qu'elle crée un service du M.D.G.
à cet effet. De ce jour, elle utilise la puissance de son
crédit, elle trouve dans les dépôts d'argent des Sociétés
coopératives ou même des coopérateurs les sommes
nécessaires à son fonctionnement. Le profit bancaire
du commerce de banque lui restera et, par le jeu de
son organisation, c'est encore en fin de compte chaque
coopérateur qui recueillera la part de l'intérêt d'argent
du revenu sans travail éliminé. Bien mieux, elle pourra
ainsi multiplier ses œuvres de production.

Il est vrai que les dépôts d'argent faits en sa banque
ou dans son service de banque entraînent un intérêt.
Mais alors une autre étape sera à franchir. De même
que la Coopérative arrive à posséder un surplus d'actif
qui ne doit rien à personne et reste sous forme de
réserves et de développement à la Société, de même la
Coopérative de gros n'accumule-t-elle pas, par la part
des bénéfices prévus pour les réserves, des sommes de
plus en plus considérables qui lui permettent de se passer de capitaux empruntés, et qui ne doivent rien à personne. Ces capitaux n'ont plus alors à suer l'intérêt ; de
ce jour-là, et la part en est à chaque heure grandissante, c'est l'élimination d'un autre revenu sans travail,
l'intérêt de l'argent résorbé par la coopération elle-
même, se suffisant entièrement.

Voici par exemple, pour la banque anglaise, la totalité des opérations d'une année : 25 millions d'opérations en 1919.

A une échelle moindre, tous les autres Magasins de
gros coopératifs sont entrés dans la même voie.

Enfin, la Coopérative toujours guidée par le ressort
de son extension, ne va-t-elle point s'attaquer à l'agriculture elle-même.

C'est ce qui se produit ; il semble que le rythme de
l'évolution de la Coopération de gros soit commerce de
gros, production industrielle, organisation financière et
en dernière ligne agriculture. Ce n'est en effet que les
Magasins de gros les plus anciens, les plus puissants,
les plus avancés sur la route infinie de l'extension qui
se sont engagés aujourd'hui dans cette voie, mais c'est
cependant déjà chose faite pour certains. Il faut recon-

naître du reste que les difficultés ont été plus considérables pour réussir, les tâtonnements plus longs, mais le pas est franchi. Deux exemples, le montreront.

La coopération de gros suisse a d'abord contrôlé ou essayé de contrôler les producteurs agricoles pour le lait dont elle avait besoin, puis elle s'est elle-même lancée dans l'entreprise agricole, dans l'achat de terres et de pâturages.

Comme toujours, la coopération anglaise est déjà allée beaucoup plus loin et cela parce qu'elle est plus ancienne. La coopération anglaise possède 300 fermes, elle y possède 13.000 hectares de terrain. Ainsi le suprême revenu sans travail, la rente foncière est menacée par la coopération elle-même.

Donc, rien n'arrête l'extensibilité coopérative, aucun domaine ne lui est fermé, rien ne fait prévoir qu'il puisse en être ainsi, et dans tous, elle réussit. Elle subit l'effet d'une loi qui s'applique à elle à travers le monde, qu'elle que soit la latitude et quels que soient les temps. Où s'arrêtera-t-elle? Peut-elle s'arrêter? Entraînée vers l'universalité des opérations, sa loi, sa destinée, c'est l'extensibilité indéfinie en toutes matières économiques. Sa force, c'est la règle de son mouvement et cette loi d'évolution est fonction de ses lois organiques. La répartition au prorata des achats, critère économique de son extension, et les conséquences qu'il entraîne dans l'ordre juridique commercial et financier : voilà qui détermine toute l'évolution coopérative et l'enchaîne.

B) Loi d'adaptation de la coopération au progrès économique.

La coopération évolue dans un milieu économique déterminé; ce milieu, dans son ensemble, c'est le régime capitaliste, mais celui-ci est lui-même en évolution permanente. Il conduit peu à peu de la petite industrie à la grande et ses branches les plus avancées sont celles où la concentration des moyens de travail aboutit à l'emploi de masses prolétariennes de plus en plus nombreuses; or, si le mouvement coopératif a besoin de la libre concurrence pour jeter ses antennes, il y a un autre grand fait à constater, c'est que les Coopératives existent et qu'elles sont d'autant plus prospères que le progrès de l'évolution capitaliste est plus accentué. Si nous jetons un coup d'œil sur le monde, nous voyons que peu à peu tous les grands pays industriels, sauf les États-Unis (1) possèdent un mouvement coopératif développé; c'est en Angleterre que la coopération a poussé ses plus profondes racines, c'est là que se trouve l'ensemble des institutions les plus prospères, mais précisément parce que l'Angleterre est le pays capitaliste le plus ancien. La coopération anglaise est la plus vieille de l'Europe. Son origine date de l'époque où le régime capitaliste y a pris sa plus grande extension.

L'Allemagne n'est devenue un grand pays industriel que dans les dernières années du dix-neuvième siècle, mais il y a quelques années, elle a accompli un bond prodigieux. La coopération y est également née, mais tard comme l'évolution capitaliste allemande et elle a aussi procédé avec une rapidité effrayante de développement, de 1900 à 1910.

En France, où l'évolution économique est plus lente, sporadique, où le régime industriel n'est qu'au deuxième plan des forces économiques, la stagnation coopérative et l'émiettement de ses forces correspond à son manque d'organisation. Du reste, quelle force la coopération a-t-elle dans des pays rétrogrades au point de vue économique comme l'Espagne, et au contraire, quelle intensité progressive ne marque-t-elle pas dans l'industrieuse Belgique?

Et puis, ce qui semble résulter de l'action coopérative dans les pays d'Europe est encore plus vrai si l'on examine les régions d'un même pays. En France, par exemple, 1/3 des forces coopératives se trouvait, avant la guerre, dans les départements les plus industriels de

___

(1) Le régime des trusts et des cartels ayant réduit à néant la libre concurrence même sur le terrain commercial, la coopération arrivée trop tard n'y trouve plus la possibilité d'y conquérir sa place.

France et presque un autre tiers était concentré dans la région parisienne, également gros centre économique. Dans une même région, on voit des Coopératives groupées dans les cités et manufactures et isolées au milieu d'une contrée comme l'industrie elle-même ; dès qu'une usine s'implante en quelque endroit, il est bien rare que la Coopérative n'y naisse pas ou que l'on n'essaie pas d'y planter son drapeau ; ainsi donc, le mouvement coopératif se trouve par là même lié au progrès économique et à la multiplication des forces productrices, industrielles. Quoi d'étonnant ? Le travail étant devenu force collective, ceci donne facilement aux prolétaires l'idée d'association, mais alors d'association économique constituée dans leur propre intérêt.

L'exemple est contagieux. Comment les travailleurs massés dans les mêmes cités tentaculaires n'auraient-ils pas la pensée d'user de leur force de consommation sous la même forme collective qu'est employée leur force de travail ?

Il est vrai que dans un cas, l'avantage de l'action collective se fait au profit de leurs employeurs et que, dans l'autre, il sert au contraire à les libérer d'une exploitation, de l'exploitation qu'ils ressentent en tant que consommateurs.

De là aussi provient le fait que les Sociétés coopératives sont en majeure partie composées de prolétaires, alors même qu'elles font appel à tous les consommateurs quelle que soit leur classe sociale.

Singulière force pour la coopération que d'apparaître ainsi comme attachée au progrès économique général et de suivre l'évolution même de ce régime capitaliste dont les principes de fonctionnement sont absolument opposés aux siens.

Toutefois, la Coopérative ne peut-elle naître, vivre et grandir que sur le terrain du régime capitaliste ? Il semblerait bien au premier abord qu'il en soit ainsi. Elle y est née ; elle y a fait ses premiers pas. Le moyen âge ni l'antiquité n'ont fourni l'exemple de Sociétés coopératives véritables ou tout au moins d'un mouvement d'ensemble coordonné en ce sens. En réalité, les progrès sont parallèles, il semble bien que ce soit son terrain de prédilection, son bouillon de culture ordinaire ; mais la coopération ne peut-elle s'adapter à d'autres formes de la vie sociale et du monde économique ?

C'est alors précisément que se marque l'un des plus grands caractères du mouvement d'évolution de la coopération, née avec le régime capitaliste, accrochée à lui, proportionnée dans ses forces de développement à la propre évolution de celui-ci.

Elle semble, à un moment donné, acquérir par elle-même une force d'expansion particulière qui lui permet alors de s'adopter aux milieux sociaux les plus différents et d'échapper aux cadres mêmes de sa naissance.

De même que les idées ont à l'origine des raisons économiques, puis restent conditionnées par des motifs de même ordre, puis acquièrent une vie et une action propres comme par exemple l'idée de justice, de même l'idée coopérative est issue d'expériences économiques qui ont leur origine et leurs conditions d'existence dans la Société économique actuelle. Mais elle parvient un jour à conquérir par elle-même une puissance de création qui s'étend alors à tous les milieux sociaux. C'est ainsi que des Coopératives existent aujourd'hui un peu partout, là même où le régime capitaliste n'est point né, par exemple dans les pays de petite production rurale ou même dans les contrées où la féodalité terrienne semble encore maîtresse. Il est vrai que les progrès en sont peut-être plus lents,' les résistances plus marquées, mais cependant le phénomène se produit. Il faut bien dire qu'en ce cas, les Coopératives sont la plupart du temps fonction ou complément d'autres organisations.

Ainsi, les Coopératives de consommation pénètrent dans les milieux ruraux surtout lorsque ces milieux sont près des villes et lorsqu'il est possible d'établir des succursales des Sociétés urbaines à population industrielle. Il est vrai que certaines Coopératives indépendantes surgissent par imitation un peu partout, même chez les agriculteurs ; cependant, celles-ci ont presque toujours un point d'appui et ce point d'appui est là surtout où l'esprit d'association a fait ses preuves. C'est ainsi que, dans les contrées où la coopération agricole s'est largement implantée, les Coopératives de consommation ne manquent pas d'y fleurir. Il est un pays type à ce point de vue, c'est le petit pays agricole du Danemark. La coopération agricole y est puissante ; pour une population de 2.600.000 habitants, il existe des associations agricoles de toutes espèces ; elles y font un chiffre d'affaires de 830 millions. Mais parallèlement, les Coopératives de consommation y sont prospères, presqu'au nombre de 1.600, et elles font 100 millions d'affaires.

Notre pays est également un exemple significatif. Alors que, dans notre France agricole, tant de provinces semblent rebelles à tout associationnisme (crédit ou production), comme par exemple la Normandie, à l'Ouest de la France, il est une région, celle des Charentes, où l'association coopérative agricole est particulièrement florissante ; or, précisément, dans cette partie du pays, les Sociétés coopératives de consommation pullulent. Dans la Normandie agricole elles sont fort rares, mais il n'est peut-être pas de commune des Charente et Angoumois qui n'ait par exemple sa boulangerie ; et même tout commerce privé de fabrication de pain, a disparu ; toute commune à sa « Fraternité ». Remarquons que, sauf en ces derniers temps, ce sont presque partout des Coopératives de boulangeries, parce que précisément celles-ci pouvaient apparaître comme un complément naturel de la production indigène. Les agriculteurs de ce pays apportent à la boulangerie leur propre farine pour qu'on la rende sous forme de pain, c'est la suite de cette vieille tradition française qui s'appelait le four banal ou communal. Là encore, la coopération de consommation accompagne les formes du progrès économique, car nul doute que l'association agricole coopérative n'est pas seulement intéressante par les profits qu'elle apporte aux agriculteurs qui consentent à en faire partie, mais elle est un progrès technique professionnel, une meilleure utilisation des forces productrices, une économie pour l'ensemble de la Société, un progrès pour l'intérêt général.

Ainsi les Coopératives de consommation s'adaptent,

hors même du milieu social qui les fait apparaître, à tous les milieux naturels. Aujourd'hui, ce n'est plus seulement de la vieille Europe, mais des déserts de l'Afrique ou des pays les plus lointains et des pays de civilisation ancienne ou transplantée, telles la Nouvelle-Zélande ou l'Australie, que nous arrivent la nouvelle de création de Sociétés coopératives de consommation établies suivant les mêmes principes.

Noires, blanches ou jaunes, toutes les races, pays de glace ou pays de soleil, tous les climats s'accommodent de la coopération. En vérité, extensibilité indéfinie d'une part et adaptation générale en concordance avec le progrès économique qu'elle active, voilà les deux principes de la coopération « en devenir », en mouvement. Ces lois d'évolution ont leur origine dans l'organisation interne de la Coopération de consommation; elles découlent naturellement, inévitablement de ses règles d'extension, d'organisation et de fonctionnement. Les unes sont fonction des autres, ou plutôt les dernières conséquences des premières.

CHAPITRE IV

UNE HYPOTHÈSE : DE LA RÉPUBLIQUE COOPÉRATIVE

A) L'hypothèse.

Pour démontrer que la vie même d'un pays était tout entière dans ses fonctions économiques, pour mettre en valeur le caractère parasitaire de certaines classes sociales, Saint-Simon se servait autrefois d'une parabole devenue célèbre et qui consistait à *supposer* ceci : si, disait-il, les oisifs, — et il les énumérait — disparaissaient, la Société, sans mal, continuerait à fonctionner ; si, les travailleurs, de l'ingénieur à l'ouvrier, — et il en faisait la nomenclature — disparaissaient, le monde serait condamné à s'arrêter de vivre, etc.

Nous nous permettrons une parabole exactement de la même espèce pour exposer ce que nous appelons l'hypothèse d'une République coopérative apportant par sa réalisation une solution à la question sociale ; cette parabole permettra mieux de comprendre notre pensée coopérative, la voici.

Si les Coopératives de détail arrivaient un jour à s'implanter dans le plus petit hameau de France comme dans la Ville lumière ; et, sans laisser de côté ni une cité, ni un quartier, installaient leurs organes de répartition des richesses partout où les besoins s'en feraient sentir;

Si ces mêmes Coopératives de détail comptaient dans leur sein la totalité des consommateurs habitant dans leur rayon d'action ou plus exactement se composaient d'au moins autant de sociétaires qu'il y a de foyers — chacun comptant les isolés comme constituant un foyer;

Si par conséquent la coopération confondait le nombre de ses participants avec la coopération tout entière de chaque commune et par là de chaque pays et même du monde;

Si ces mêmes Sociétés coopératives de consommation de « détail » pourvoyaient aux besoins matériels complets de l'humanité, depuis la nourriture jusqu'à l'habillement en passant par le chauffage et l'éclairage, etc., et sans qu'aucun besoin humain ne lui échappe, même l'habitation;

Si ces mêmes Sociétés coopératives de consommation de détail faisaient toutes, sans exception, partie intégrante d'organismes « de gros » constituant la coopération du commerce de gros et s'y fournissaient exclusivement de tout ce qui serait nécessaire pour satisfaire aux besoins de leurs consommateurs;

Si ces Coopératives de gros avaient organisé en totalité leur propre production dans des usines, manufactures et fabriques leur appartenant et parvenaient à posséder leur industrie totale depuis les sources des matières premières jusqu'aux dernières opérations de transformation.

Si ces Coopératives de gros avaient peu à peu, mis la main sur tous les moyens de circulation des richesses, organisé leurs propres transports par voie de terre, acquis leurs chemins de fer et leurs transports maritimes et ainsi possédaient les instruments de circulation;

Si les Coopératives de gros, soit par elles-mêmes, soit à côté d'elles, mais dans les mêmes formes juridiques, avaient créé la Banque coopérative remplaçant toutes les banques privées, institué et fait fonctionner tout crédit par elle et pour l'ensemble des coopérateurs et qu'ainsi toutes les opérations du commerce de la monnaie et du commerce fiduciaire soient tombées entre ses mains;

Si la coopération de gros avait peu à peu acquis toutes les terres pour uniquement produire pour la totalité des consommateurs qu'elle représente et assuré la coopération d'habitation pour toutes les familles qui feraient partie intégrante avec elle;

Si en un mot, le commerce de gros, puis l'industrie, les finances et l'agriculture étaient devenus fonction des Coopératives de consommation possédant, dirigeant organisant et faisant fonctionner le tout ;

Si toutes ces hypothèses se trouvaient réalisées, qu'en résulterait-il : une société économique complète et nouvelle se trouverait constituée ; nous l'appellerons la RÉPUBLIQUE COOPÉRATIVE.

Quelles seraient les conséquences de cette hypothèse.

B) Conséquences de l'hypothèse.

La République coopérative mettrait fin à l'antagonisme croissant entre les formes de production et le mode d'appropriation des richesses. A mesure de l'évolution économique, l'effort du travail se fait sous la forme collective et la propriété des instruments de production reste individuelle. La République coopérative, en appropriant au profit de la collectivité des consommateurs, la totalité des moyens de production et d'échange, constitue la propriété sociale des consommateurs. Comme dans une Société de ce genre il n'est plus place pour une classe parasitaire et que forcément tout le monde, abstraction fait des enfants, vieillards ou infirmes, est devenu travailleur productif, l'ensemble des producteurs et chacun en particulier, mais pris tous en tant que consommateurs, posséderait en commun l'instrument de travail collectif.

Ce n'est pas à titre précisément de travailleur ou de producteur que la propriété sociale est établie, mais au profit et sous le contrôle de la généralité des consommateurs.

La République coopérative élimine définitivement

les classes parasitaires et leurs revenus particuliers, les revenus sans travail qui permettaient de vivre à la classe de ceux qui avaient monopolisé à leur profit particulier les instruments de production et d'échange. Le consommateur a résorbé à son avantage le bénéfice commercial de détail, puis de gros, le profit industriel, l'intérêt de l'argent, la rente foncière de la terre ; ainsi donc, l'inégalité des richesses a disparu et la lutte de classes n'a plus de raison d'être. Il n'y a plus de classes économiques, mais seulement des catégories économiques, celles des différents producteurs classés suivant la diversité de leurs efforts rentrant toutes, avec la catégorie des non-producteurs, enfants, vieillards et infirmes dans la catégorie économique plus plus générale, des consommateurs.

Enfin, la République coopérative met fin au désordre économique avec ses crises, ses gaspillages, ses pertes de forces, son manque d'utilisation cohérente, son insouciance de l'intérêt général. Désormais, on ne produit pas pour produire sans savoir ce dont il est besoin et sans se soucier du degré d'utilité des choses. Désormais, la consommation domine la production, la dirige. Les ressorts mêmes du régime capitaliste étaient une entrave au développement de la richesse ; la République coopérative remet les choses au point et chacun à sa place.

Une Société d'ordre et d'utilisation rationnelle des moyens techniques dont l'humanité dispose, voilà le résultat.

Cette République coopérative marquerait donc une étape dans l'évolution des sociétés humaines, elle assurerait l'époque où enfin les hommes se seraient rendus maîtres de l'organisation économique et où celle-ci ne les dominerait plus.

C) Conformité de l'hypothèse avec les lois d'organisation du mouvement coopératif.

Si la République coopérative remédie à la crise sociale, si donc elle est une solution à la question sociale, il convient de dire que sa réalisation, envisagée par hypothèse, n'est nullement une fantaisie de l'esprit, un produit de l'imagination, un rêve, une hallucination, un mythe ou une utopie.

La République coopérative est tout au contraire une hypothèse vraisemblable, possible, probable, résultant de l'observation des lois d'évolution de la société humaine et de leur confrontation avec les lois organiques évolutives de la coopération de consommation, elle est donc par là une hypothèse rationnelle.

En effet, nous avons marqué le principe d'extensibilité indéfinie de la coopération et son adaptation aux milieux sociaux; nous avons vu qu'il y avait là une règle résultant des faits, une loi d'expérience. Dans son œuvre de répartition des richesses, d'organisation de la consommation, la coopération déjà ne tend à rien moins qu'à la satisfaction de tous les besoins matériels, immatériels et à tous les degrés, elle est entraînéeà les satisfaire les uns après les autres sans qu'aucun semble pouvoir échapper à son activité et les expériences les plus complètes se présentent sans limite d'extension. L'histoire des Coopératives les plus évoluées marque d'avance les étapes diverses que doivent franchir les organisations moins fortes.

Dans le domaine de la production et de la circulation des richesses, la coopération est appelée peu à peu inévitablement à agir. Quand elle parvient à un certain stade de développement, nous avons vu que c'est successivement la banque, l'industrie, l'agriculture qui, dans un ordre déterminé, se présentent délibérément comme une activité appropriée à ses fonctions. La consommation organise sa production et tend à l'organiser tout entière, elle n'est limitée que par sa puissance actuelle d'absorption, elle marche en tout cas vers l'universalité.

Elle ne rencontre point d'obstacles dans ses progrès en raison même de ses principes organiques qui, eux, déterminent ses lois d'évolution. C'est la répartition au prorata des achats, l'égalité des sociétaires, la vente au prix juste, la création de réserves inaliénables et indivisibles qui la conduisent toujours à de nouvelles conquêtes, à de nouveaux champs d'activité ou d'action.

D) Les limites possibles à la réalisation de l'hypothèse de la République coopérative.

Si donc la coopération en devenir implique la République coopérative, si son auto-développement la pousse vers ses fins dernières, en dehors d'elle n'existe-t-il pas d'autres institutions, régies par des lois différentes inhérentes au régime économique actuel, qui peuvent, à un moment, heurter, arrêter ou entraver le développement coopératif si naturel, si nécessaire, si fatal qu'il puisse apparaître.

Des chocs inévitables peuvent se produire, la coopération n'est pas seule au monde, elle vit dans les entrailles d'un régime économique déterminé qu'elle tend du reste à dévorer. Elle résorbe la société capitaliste où elle prend naissance ; mais cette société capitaliste par le jeu des institutions qui lui sont propres, ne peut-elle point évoluer, essayer de continuer à vivre ou même de transformer totalement sans que la coopération remplisse ses destinées ? La République coopérative n'est pas un résultat mécanique de l'existence et du développement du régime économique actuel. Elle est œuvre humaine, résultat de la volonté des hommes : son développement et ses progrès sont aussi facteurs de l'action des coopérateurs.

Ainsi donc, on doit se demander si la République coopérative ne rencontre pas ou ne rencontrera pas des obstacles qui empêcheront sa réalisation ou la retarderont ? Un seul exemple peut y faire réfléchir et il en est beaucoup d'autres. La coopération naît dans les limites d'une société où la libre concurrence existe, où le marché des marchandises subsiste, elle fait partie intégrante, bien qu'elle en soit l'antidote, de l'économie marchande. Mais la société capitaliste, dans son évolution particulière, n'arrive pas en certains cas à l'économie marchande totale. De plus la société capitaliste, à un certain moment de son évolution, arrive à supprimer cette même libre concurrence, par exemple dans le régime des trusts et des monopoles privés, voire même des monopoles publics. Que devient alors l'avenir de transformation économique totale que porte en soi l'hypothèse de la République coopérative? Que la coopération apparaisse donc avant que la libre concurrence ne soit un fait ou qu'elle veuille apparaître quand elle n'est plus, n'en résulte-t-il pas des obstacles à l'idée même d'une République coopérative ou tout au moins, comment, en quel cas, dans quel sens et avec quelle adaptation pourra-t-elle parvenir à sa réalisation totale ?

En s'en tenant aux faits existants ou en voie de se constituer, il y a donc lieu de rechercher si l'hypothèse de la République coopérative ne peut être contrariée ou transformée pour une part par des faits économiques différents ou l'évolution de certaines institutions qui, sans changer ses lois propres, ni son devenir potentiel la contraignent, la canalisent ou la modifient.

E) Conditions intellectuelles et morales de la réalisation de la République coopérative.

Il y a donc lieu de rechercher les limites actuelles ou les restrictions à apporter à l'hypothèse de la réalisation de la totale République coopérative, et il faut également songer au caractère ethnique de cette réalisation.

La République coopérative est bien une hypothèse rationnelle, elle se déduit des expériences coopératives, de l'évolution de ses organisations. Elle généralise théoriquement ce qui est pratiquement, elle formule l'hypothèse que ce qui se passe partiellement aujourd'hui deviendra demain la règle générale, mais, de qui et de quoi dépend sa réalisation? La coopérative est l'œuvre d'hommes, des coopérateurs. La coopérative forme un milieu déterminé, elle a ses règles de fonctionnement et de vie, mais les coopérateurs peuvent être plus ou moins fidèles et plus ou moins renseignés sur les fins qu'elle poursuit et sur ses véritables conditions d'existence et de développement. Les hommes forment le milieu coopératif et même, si celui-ci une fois formé réagit sur eux, ils en conditionnent la vie ; or, ils peuvent mal le faire, ils peuvent se tromper par ignorance ou guidés par d'autres pensées que le but coopératif, ils peuvent tenter même de détourner la coopération de ses fins et de ses voies naturelles, ils peuvent donc mal organiser la coopération, l'empêcher de devenir ce qu'elle doit être, en retarder les progrès et compromettre son avenir.

Quand sonnera l'heure de la réalisation définitive ? Qui pourrait le dire ? Mais, pour la plus large part, elle dépend de ceux qui la composent, des moyens que précisément ils auront choisis comme les plus conformes à en préparer l'aboutissement.

Nous sommes donc amenés à faire dépendre la réalisation de la totale République coopérative de deux facteurs :

1° La coopération a ses fins propres, en fonction de ses lois organiques et évolutives ; mais elle est dans le cadre d'un milieu économique dont les principes et le fonctionnement sont à l'encontre et même à l'opposé du sien ; il peut donc y avoir restriction et limite aux adaptions nécessaires pour la réalisation de la totale République coopérative déjà en formation et en puissance ;

2° La République coopérative ne se fera pas automatiquement ; l'hypothèse est conforme aux faits observés mais sa réalisation dépend de l'intelligence et de la volonté des coopérateurs qui en préparent d'autant mieux l'avènement qu'ils connaîtront les fins naturelles du mouvement coopératif et les conditions les meilleures dans lesquelles elle peut s'épanouir.

C'est aux hommes à exercer l'action utile pour la mise en action des moyens positifs, l'institution des organes qui hâteront la venue de la République coopérative.

De là, deux chapitres de ce livre :

1° Limites et adaptations possibles ou nécessaires à la réalisation de la République coopérative ;

2° Moyens de hâter sa venue et organes à utiliser à cet effet.

Mais avant de parvenir à ce point de nos déductions et pour du reste mieux les saisir, voyons d'abord ce que la République coopérative, apparaissant comme une solution de la question sociale, apporte comme théorie économique spécifique et comme concept social propre. Nous examinerons rapidement également les courants d'idées avec lesquels s'apparente, dans le passé, et le présent l'idée coopérative et nous verrons ses conséquences sur les domaines autres que le domaine économique, particulièrement en matière politique, juridique et morale.

DEUXIÈME PARTIE

LES CONSÉQUENCES
DE LA RÉPUBLIQUE COOPÉRATIVE

CHAPITRE PREMIER

LE POINT DE VUE ÉCONOMIQUE :

UNE THÉORIE ÉCONOMIQUE NOUVELLE :
LA CONSOMMATION ORGANISANT LA PRODUCTION

> « Il faut apprendre à
> envisager toutes choses
> du point de vue du con-
> sommateur. »
>
> BASTIAT.

A) Une théorie économique nouvelle.

a) LES DEUX FONCTIONS ESSENTIELLES. — Il y a deux
fonctions économiques essentielles dans une société :
consommer et produire.

Sans doute, les livres d'économie politique et sociale
ajoutent la répartition à la circulation des richesses,
mais ces deux catégories économiques peuvent être
tout naturellement rattachées à l'une ou l'autre des
deux autres fonctions, elles en sont tributaires. La
circulation des richesses est un complément de la production et, le moyen de joindre le consommateur. La
répartition des richesses est le résultat de la position

de chaque être humain dans la production et conditionne la consommation.

Consommer et produire, produire et consommer, ce sont là les deux actions qui semblent liées, car on ne s'imagine guère théoriquement qu'on puisse produire autrement que dans le but de consommer ou faire consommer et on ne consomme en réalité que ce qui a pu être produit.

b) L'ÉCONOMIE DE LA CONSOMMATION ET L'ÉCONOMIE DE LA PRODUCTION. — Dans la société économique actuelle et qu'on qualifie de société capitaliste, la fonction dominante est sans conteste la production. Le titre même donné à la société actuelle de société capitaliste, c'est-à-dire à un des facteurs de la production, indique ce caractère dominant.

Les faits le prouvent, les théories économiques le proclament ; mais précisément, la République coopérative en constituant une société économique se créant « chaque jour et pierre à pierre », comme dit la chanson des coopérateurs, repose sur une théorie nouvelle.

Elle engendre une explication des différences des fonctions économiques, elle change les catégories ou déplacent leur rôle, leur importance et leur interdépendance.

Il y aura en vérité à mettre debout une science de l'économie politique de la consommation ou reposant sur elle, qui serait opposée à la science de l'économie politique de la production.

Cette dernière est la science des économistes actuels, elle correspond à une analyse et, le plus souvent, à la prétendue justification morale et sociale des phénomènes économiques du régime capitaliste.

L'économie politique de la consommation, c'est l'analyse des lois de la société économique en formation que nous appelons République coopérative. Cette économie politique doit selon nous mettre en évidence que la République coopérative correspond au véritable intérêt général par le fait qu'elle peut plus utilement servir la cause de l'accroissement des richesses que la société actuelle, et qu'elle offre en même temps un système équitable et adéquat de répartition des richesses.

c) LES DEUX SYSTÈMES NE S'EXCLUENT PAS ABSOLUMENT. — Il n'y a pas lieu du reste d'opposer l'une à l'autre ces deux théories économiques ou explication de l'ensemble des phénomènes ; l'une correspond à l'explication des phénomènes économiques de la société actuelle, l'autre s'applique aux phénomènes de la société en formation. Ces théories peuvent se coudoyer, elles peuvent être également vraies ou, plus exactement, leur véracité dépendra de l'évolution des faits qu'elles expliquent et de l'importance respective qu'à un moment donné ceux-ci peuvent avoir. Les deux formes sociales, les deux sociétés en présence sont en lutte à « la vie et à la mort », elles correspondent à deux états économiques différents et du reste, comme ceux-ci se pénètrent continuellement puisque l'un grandit dans le flanc de l'autre, les théories économiques, faisant abstraction de la réalité des faits pour schématiser les grandes lignes directrices des phénomènes seront beaucoup plus nettes et précises que la réalité ondoyante et forcément mélangée, tiraillée entre les deux mondes : celui qui passe et celui qui vient.

d) COMMENT LES COMPARER ? — Mais s'il s'agit ici de les comparer, ce ne peut-être que d'après deux critères :

1° L'un primordial économique quel est de ces deux systèmes, celui qui se place le plus près du point de vue de l'intérêt général et du progrès économique ?

2° L'autre moral, subordonné et fonction du premier : quelle est de ces deux théories celle qui semble réaliser le maximum de justice sociale ?

B) La société actuelle est dominée par la production.

a) LA COURSE AU PROFIT. — Le ressort de la vie, de l'évolution économique du régime capitaliste, nous l'avons dit, c'est la production dans son ensemble ; la société actuelle est une société marchande, une société d'échange. Tout se produit pour échanger et en obtenant d'une part un gain rémunérateur de son argent, de son capital ou de sa terre, et d'autre part, rémunération de sa force de travail contre un salaire.

L'entreprise économique, qu'elle soit commerciale, bancaire, industrielle, agricole, est l'œuvre aujourd'hui ou d'un homme, ou d'une société d'hommes. Elle ne se constitue, ne se crée, elle ne vit que dans un but : le profit ; elle a pour base un capital et du reste, le taux d'un profit se calcule en comparant celui-ci au capital engagé dans l'affaire.

Le profit, c'est le surplus du prix de vente sur le prix de revient ou coût de production. Il importe peu de savoir à celui qui se fait industriel, commerçant, banquier ou agriculteur dans la société actuelle s'il fabriquera des machines, vendra des épices, escomptera du papier ou récoltera du blé. Il est uniquement guidé par le souci d'obtenir le maximum de profit que celui-ci s'appelle bénéfice, intérêt, dividende ou rente.

La société actuelle, la société capitaliste est donc la société de la « course au profit » ; ce profit a pour cause le véritable monopole que possède celui qui détient l'instrument de travail ; le moyen de production, le capital, et qui lui permet d'extraire un « revenu sans travail ». C'est l'excédent qui lui reste quand il a payé ses matières premières, amorti ses capitaux, rémunéré la force de travail contre un salaire et même fait face à ses frais de direction.

b) Produire pour produire. — Le résultat de ce régime est que l'on produit pour produire ou plus exactement pour la vente sans même se soucier de savoir si cela correspond à une consommation certaine ou a un besoin déterminé de consommation ; de là, les crises fréquentes, répétées, tantôt de surproduction, tantôt de sous-production, de là également un désordre social inévitable : une perte énorme de richesses, un gaspillage des énergies, un pullulement de fonctions inutiles ; le tout aboutit au parasitisme social élevé à la hauteur d'un système permanent.

Là où il serait nécessaire d'avoir un boulanger, il en y a dix.

La société regorge de vin mais le blé lui fait défaut au même moment. Comment en serait-il autrement, il n'y a d'autre régulateur à la production que le régulateur à longue échéance, fait des entreprises qui sombrent faute de clients ou d'absence de profit.

A l'inverse, c'est l'appât de gros profits qui seul peut faire naître des institutions nouvelles dans telle branche d'industrie insuffisamment pourvue d'entreprises et c'est seulement ensuite qu'il est satisfait aux besoins.

c) La répartition des richesses est fonction de la production. — De la place que chacun occupe dans le procès de production résultent les revenus des catégories sociales et le profit étant le moteur de la production, la société humaine se trouve par là même divisée en deux classes bien distinctes, ceux qui vivent du profit ou cherchent à en vivre et ceux qui ne peuvent vivre parce qu'ils ne possèdent pas l'outil pour le produire, c'est-à-dire le moyen de travail, l'instrument de production.

Certes, il n'en fut pas toujours ainsi, à l'origine de la société économique actuelle où chaque travailleur possédait son instrument de travail, le tisserand son métier, le postillon sa diligence; mais rapidement, et de plus en plus il en a été ainsi à mesure que les moyens de production et d'échange exigeaient, pour être mis en valeur, un travail collectif et où leur propriété devenait l'apanage et le privilège de celui qui s'éloignait du procès du travail pour n'attendre que les « profits » de l'entreprise.

N'est-ce point maintenant le cas général de plus en plus fréquent? Le ressort du régime économique entraîne donc la constitution de deux classes, ceux qui vivent des revenus sans travail et ceux qui vivent des revenus du travail, et cette partie de l'humanité qui loue contre une somme d'argent, le salaire, sa force de travail sans jamais en posséder ni le produit ni l'instrument, ne participe ni de près ni de loin au profit de l'entreprise.

d) La subordination de l'intérêt du consommateur. — Il résulte des directives mêmes de la société économique que la consommation n'est là que pour servir la production. Aussi, avec quelle désinvolture ne traite-t-on pas l'intérêt général du consommateur : quelques exemples pour le démontrer.

S'agit-il par exemple d'une question aussi importante que celle du pain, on a vu au cours de la guerre la France menacée de manquer de cet aliment de toute première nécessité pour elle. Pour avoir du pain, il fallait de la farine, pour avoir de la farine il fallait augmenter la production du blé qui en France, à peine suffisante en temps de paix, était totalement inférieure depuis la catastrophe; est-ce l'intérêt du consommateur qui a prévalu. On a importé d'Amérique les quantités qui manquaient, mais comme elles étaient plus chères que celles provenant de la production française, on a immédiatement payé le blé aux producteurs français à des tarifs qu'ils n'avaient jamais connus. Puis, comme c'était la guerre et qu'une augmentation du prix du pain aurait affaibli la résistance civile du pays, l'État a maintenu les prix bas du pain et payé la différence.

Puis ensuite, on est revenu peu à peu au taux normal, mais alors, on a créé la hausse chez le producteur et en dernière analyse le déficit budgétaire sera soldé par de larges impôts de consommation.

S'agit-il par exemple d'échanges internationaux. Après la guerre, le change favorable pour nous avec l'Allemagne permettait d'obtenir à bas prix les verres et les ustensiles de ménage fabriqués dans les pays rhénans et ceci en faveur des consommateurs des pays du Nord et des régions libérées qui en avaient le besoin le plus urgent. Non seulement, par suite de la catastrophe, la fabrication française vendait fort cher, mais les fabricants ne pouvaient fournir suffisamment la clientèle éventuelle. Cependant on a, dans l'intérêt de cette catégorie de producteurs industriels et au détriment des plus intéressants des consommateurs, interdit l'importation de ces objets. Il est du reste arrivé ce fait surprenant que certaines industries anglaises nous ont revendu ces marchandises après les avoir grevées à notre compte d'un bénéfice et d'un change désavantageux pour nous.

En matière vinicole, nous avons souvent manqué de vin. Il y en avait en Espagne ou dans nos colonies, en Algérie par exemple, mais les quelques milliers de viticulteurs des quatre départements du Midi ont empêché, contrairement aux intérêts de millions de consommateurs, l'importation du vin des colonies françaises. Le vin n'était pourtant même pas en abondance, mais il fallait, par un monopole, assurer un surcroît de bénéfices et les viticulteurs y sont arrivés à leur avantage.

Parlerons-nous du scandale qui depuis des années empêchait, sous des prétextes inexistants et par des mesures prohibitives, l'importation en France de la viande frigorifiée. La viande frigorifiée aurait permis une plus forte alimentation carnée de la population et à bien meilleur compte, mais sous prétexte de ménager les intérêts des producteurs et, en fait plus souvent celui des intermédiaires, on empêchait ce nouveau commerce de s'accomplir. Il a fallu la guerre pour y mettre fin et nous ne sommes pas en France cependant sûrs que demain on ne pratiquera pas de nouveau cette politique.

Enfin, la subordination de l'intérêt du consommateur éclate encore quand ce consommateur est contribuable ; c'est à des impôts de consommation que l'on songe toujours et aujourd'hui plus que jamais pour combler le déficit. La richesse acquise n'est toujours touchée qu'en deuxième lieu et quand on ne peut plus faire autrement.

Certes, on peut prétendre que chacun est à la fois consommateur et producteur. Cela est vrai d'apparence mais c'est avec une mentalité différente que, comme Maître Jacques chacun envisage les questions économiques. Comme producteur, c'est contre l'ensemble de la population que chacun se dresse pour essayer de tirer au profit de sa catégorie sociale le maximum d'avantages ; comme consommateur, c'est au nom et pour le bas prix des objets que l'on parle et on envisage par conséquent les problèmes de tout autre façon.

On pourrait multiplier à l'infini les exemples qui démontrent la bête de somme qu'est le consommateur, il suffit de marquer maintenant que c'est la règle générale.

c) L'INTÉRÊT DES PRODUCTEURS ET L'INTÉRÊT DES TRAVAILLEURS. — Mais cependant, quand on parle des producteurs et de l'intérêt des producteurs, il faut distinguer : les facteurs de la production sont dans tous les traités classiques d'économie politique au nombre de 3 : le travail, la terre et le capital ou si l'on veut, l'argent, la matière et l'instrument de production. Mais en vérité, quand le monde capitaliste pénètre de ses idées la société actuelle, il est tellement convaincu que lui seul représente la production qu'il finit par confondre son intérêt avec celui de tous les facteurs qui concourent à la production.

Quand on parle des producteurs, il s'agit cependant d'abord des intérêts du capitaliste et par surcroît de l'intérêt des détenteurs de la terre, mais c'est par une généralisation un peu hâtive que dans cet intérêt, on comprend celui des centaines de milliers d'hommes, de ces salariés qui apportent au procès de production uniquement leur force de travail.

Or, il y a là deux intérêts pourtant bien distincts. Certes le travailleur, le salarié ne peut prétendre qu'en tant qu'agent de la production, agent actif (car la terre et l'instrument de travail qui s'appelle le capital ne sont que des agents passifs) son sort ne se trouve pas lié à celui de l'entreprise qui l'emploie. Si comme prolétaire il est opposé à l'employeur et s'il tend à réduire le profit de l'employeur pour améliorer son propre sort il faut bien reconnaître que l'entreprise qui l'emploie, doit vivre et que c'est dans la mesure où elle prospère qu'il a quelque chance d'arracher au capitalisme lui-même une amélioration de son sort et de ne pas toujours être réduit au minimum d'existence.

Mais, cela n'autorise pas à dire qu'il est autant consommateur que producteur. Il ne produit vraiment que pour avoir les possibilités de consommer, il ne recueille pas les excédents du procès de production. Ainsi donc, la défense de son intérêt de producteur peut être généralement celle de son employeur, mais les avantages qui lui seront faits en tant que tel seront bien peu de chose. Il n'en recueillera en vérité les bienfaits ni de près ni de loin, seul souvent le profit capitaliste sera augmenté.

Cependant, dans la lutte pour la défense de ses intérêts, le capitalisme, maître de la production, a bien soin de parler de l'intérêt du travail confondant ainsi le sien propre et celui de ceux qu'il emploie; disons que parfois les travailleurs salariés bénéficient ainsi de l'équivoque et dans la société économique actuelle où l'intérêt du producteur est constamment à l'ordre du jour à un certain moment l'on daigne, par commisération ou pour tout autre motif, s'occuper des intérêts du travail productif et par là même des salariés. A ce point de vue, l'opinion publique, la presse qui soi-disant l'exprime, s'occupe beaucoup plus des travailleurs pris comme agents de la production que de leurs intérêts primordiaux qui sont avant tout ceux du consommateur.

Cependant, l'intérêt capitaliste des chercheurs de profit n'est pas souvent même l'intérêt supérieur de la production et les travailleurs doivent avoir le souci constant de leur véritable intérêt. Or ce n'est pas celui de producteur, mais celui de consommateur qui doit d'abord les guider.

Ils ne doivent donc pas se laisser influencer par les idées en cours et malheureusement, ce sont quelquefois les théories économiques destinées à la justification du régime capitaliste qui s'imposent à eux. Ils lui empruntent leur propre manière de penser et d'agir.

Le monde nouveau, Société des consommateurs, a son idéologie et c'est sa théorie économique que les travailleurs plus que tous autres doivent faire leur !

C) La souveraineté du consommateur.

a) LE BESOIN SOCIAL ET L'INTÉRÊT PERSONNEL. — La coopération a pour base les besoins humains à satisfaire.

La République coopérative est donc orientée vers leur satisfaction. D'après la théorie économique de la Société d'aujourd'hui, les possibilités de production sont fonction non pas de la demande de la consommation limitées dans leur réalisation par les disponibilités du travail et l'état de perfectibilité des moyens de production, mais elles sont uniquement conduites par la volonté du capitaliste. L'intérêt privé du vendeur est le facteur qui règle la production.

Au contraire, ne voit-on pas les Coopératives s'occuper successivement de nouvelles branches en suivant un système d'évolution qui correspond beaucoup plus à l'importance du besoin qu'au bénéfice même à réaliser ou même quelquefois de la facilité à les entreprendre.

Ce sont les Coopératives de pain qui sont les plus nombreuses, puis celles d'épicerie, puis celles de vin, de bière, enfin de boucherie et de charbon. Ce n'est que lorsque ces besoins sont satisfaits, les besoins humains primordiaux et dans un ordre pour ainsi dire naturel d'utilité que l'on se préoccupe des autres. La nourriture avant tout, l'habillement ensuite, le chauffage, puis l'habitation et l'ameublement et après les autres consommations, mais après seulement, voilà les étapes successives de la République coopérative qui tend cependant à satisfaire tous les besoins.

Elles sont en tout cas l'indice de l'ordre nouveau différent dans la société nouvelle et marquée en ses phases de réalisation.

Si l'économie coopérative se caractérise par une hiérarchie qui s'établit naturellement entre l'importance des besoins à satisfaire, il est une autre caractéristique de la théorie économique de la consommation dans le régime coopératif en formation et à l'envers de l'économie actuelle.

La Société capitaliste tendant au profit ne peut l'augmenter qu'en fournissant des marchandises et produits de la plus mauvaise qualité possible si elle le peut et pour le même prix. Au contraire la Coopérative se réclame de la vente des bons produits, les coopérateurs, dit-on souvent, n'ont pas d'intérêt à se tromper eux-mêmes. Si donc la Société du profit aboutit au régime de la moins bonne qualité ou de la camelote et par là même d'une certaine régression économique, la République coopérative qui n'a pas pour but d'abord le bas prix mais la bonne marchandise présente économiquement une supériorité incontestable.

Une Société coopérative qui repose sur les besoins à satisfaire tendra forcément également à la probité commerciale. A quoi lui servirait la fraude puisqu'elle ne profiterait à personne. A quoi lui serviraient tous les subterfuges pour tromper le client puisqu'il n'y a plus client et vendeur mais associés, la réclame devient alors un moyen de propagande mais non de tromperie organisée.

L'alimentation rationnelle, la consommation scientifique doit donc nécessairement s'opposer à l'ignorance, aux préjugés et aux erreurs où les consommateurs sont largement entraînés pour le plus grand bien de ceux qui en profitent.

En vérité, deux notions différentes apparaissent ainsi. L'économie publique, la science des richesses a-t-elle pour mobile des services à rendre ou des intérêts personnels à satisfaire. Une société prospère est-elle celle où les consommateurs verront leurs besoins satisfaits suivant une ordonnance utile à la collectivité ou celle au contraire où des intérêts auront reçu plus que leur dû. Cela n'est pas la justice, ce ne peut être le bien commun, ce n'est pas le bien de chaque pays.

En un sens, nous pouvons dire que l'économie de la répartition des richesses de la société coopérative se rapproche peut-être davantage d'une société communiste dont la formule est : « A chacun selon ses besoins », que d'une Société collectiviste dont la formule est : « A chacun selon ses efforts » ou, plus exactement, la République coopérative place au premier plan le besoin, quitte à lui subordonner une production reposant sur l'effort de travail.

La science économique affirmait que le but de l'économie politique était « Maximum de résultat avec minimum d'effort ». L'économie coopérative peut, elle aussi, reprendre cette formule, mais l'économie capitaliste pense que pour la réaliser il fallait compter surtout uniquement sur l'intérêt personnel capitaliste. L'économie coopérative peut montrer qu'il n'en est pas souvent ainsi et qu'au surplus, si c'est bien le « maximum de résultat et de satisfaction qu'il faut obtenir », les efforts doivent être subordonnés au résultat à chercher si l'on ne veut pas que beaucoup d'efforts soient engagés sans que plus grande satisfaction soit donnée à l'ensemble.

Il est possible, du reste, que la Société actuelle ne puisse vivre que sur la base de l'intérêt personnel étant donnée sa structure interne, mais la vitalité de la coopération, les progrès de la République coopérative montrent la possibilité d'une Société dont le ressort d'existence sera les besoins à satisfaire. En dernière analyse, ce sont les consommateurs qui commanderont, organiseront et régleront la production.

L'infinité des besoins, leur variabilité, leur capacité d'accroissement en nombre constituent le plus fécond, le plus actif, le plus vigoureux aiguillon de l'accroissement des richesses; le service à rendre remplacera l'intérêt personnel à servir et de plus en plus avantageusement.

b) Libre concurrence et aide mutuelle. — Une autre différence entre la théorie économique de la République coopérative et celle de la Société actuelle est entre la libre concurrence et ce que nous appellerons l' « aide mutuelle ».

Cette liberté du commerce dont on a fait un objet sacré et qui constitue le « leit motiv » de la défense de la société actuelle, à quoi correspond-elle ? A une affirmation théorique ou une réalité vivante ? Dans une situation économique comme celle où la guerre a laissé le monde, on peut dire que la liberté du commerce n'est qu'une vaine illusion, les produits manquent, les marchandises sont rares. La libre concurrence reposant sur la liberté du commerce conduit tout droit à une exploitation du consommateur. En vérité, ceux qui détiennent les objets à vendre bénéficient d'un véritable monopole. Il leur est loisible de les offrir aux conditions qu'ils veulent, aux prix les plus hauts, ils savent qu'ils trouveront toujours une clientèle. La libre concurrence aboutit donc au simple droit d'exploiter les consommateurs qui, comme le serf de la féodalité, deviennent taillables et corvéables à merci.

Mais, même en temps normal, dans une période d'équilibre économique, la libre concurrence reste simplement l'affirmation d'un principe ; ses défenseurs sont obligés de reconnaître que dans la plupart des cas elle ne correspond à aucune réalité ; elle devrait, paraît-il, assurer les plus bas prix aux consommateurs, elle jouerait le rôle d'indicateur des prix ; malheureusement, il n'en a jamais été, il n'en est jamais ainsi ; il semble bien que très souvent elle incite à la multiplication des organes économiques qui ont, par là même, des frais généraux considérables pour leur chiffre d'affaires ; ou bien elle aboutit au contraire à une insuffisance d'institutions pour donner les satisfactions réclamées par le consommateur et simplement parce que dans ce cas il n'y a pas assez de profits pour ceux qui les entreprennent.

Du reste, l'inexistence d'une véritable libre concurrence semble bien la situation vers laquelle le régime capitaliste se dirige lui-même dans la mesure où il essaie de discipliner ses forces et de s'organiser.

Tous les grands mouvements vers les cartels et les trusts, vers les syndicats de production capitaliste, aussi bien pour l'achat que pour la vente, sont les manifestations diverses et de plus en plus nombreuses en ce sens.

La libre concurrence a pu s'inspirer, pour essayer de se justifier, des idées darwiniennes sur la sélection naturelle ; ses défenseurs peuvent prétendre qu'elle assure la lutte pour la vie et dans celle-ci le triomphe des compétences adaptées ; mais les mieux adaptés à un régime dont l'essence est le profit sont ceux-là mêmes qui sont les mieux conditionnés pour en obtenir et non pour satisfaire les besoins sociaux, c'est-à-dire ceux qui ont le plus de capitaux.

Enfin, il est de coutume d'affirmer que seule la libre concurrence peut permettre normalement à une société de vivre. Seulement, des sociétés pendant des siècles ont vécu sans qu'elle existe, et continuent à vivre. Précisément la venue au monde, les progrès de la coopération qui part d'un principe contraire, démontrent également la possibilité d'une société différente. Le plus curieux, c'est que la République coopérative a pour base et point de départ la libre concurrence elle-même.

Elle crée la défense mutuelle des consommateurs associés et pourtant, sur son terrain propre, elle affirme pour son développement, sa valeur et sa supériorité.

La libre concurrence est le régime où chacun produit pour la vente. La coopération, c'est le régime où l'on produit entre soi pour se répartir. Du jour où la coopération s'introduit à l'intérieur même de l'économie de l'échange, il n'y a plus (pour la part du commerce qu'elle remplace) de valeur d'échange. Loin de nous l'idée de traiter ici la théorie de la valeur des marchandises et de rechercher l'origine de leur valeur d'échange; mais marquons, quelle qu'en soit l'analyse et l'explication, qu'elle pourrait être parfaitement différente dans les organismes de la société en formation où il n'y a plus de valeur d'échange, mais surtout, avant tout, valeur d'usage à créer.

Là, se marque bien la différence entre la recherche du gain ou le service à rendre.

Le principe de l'association mutuelle des intérêts, sur lequel repose la coopération aboutit également à opposer un système d'organisation, une méthode d'ordre au laisser faire et à la libre initiative du régime économique actuel.

Là où précisément la fausse liberté n'aboutit qu'au désordre, l'idée d'organisation répond à un souci d'ordre.

c) La consommation organise la production. — Du point de vue économique, la République coopérative se différencie complètement de la société actuelle par la dépendance de la production.

La consommation veut organiser et diriger la production à son profit, il s'en suit des conséquences les plus importantes sur les lois économiques de la société actuelle qu'on représentait comme éternelles.

Les usines, leur utilisation, l'espèce et la qualité des marchandises vont être faites et produites uniquement sur la commande du consommateur ; jusqu'alors en vérité, le consommateur ne commandait que ce qu'on voulait bien lui offrir et on ne lui offrait que ce que l'entreprise capitaliste croyait devoir produire pour son plus grand bien, c'est-à-dire pour obtenir le maximum de profit.

L'organisation de la production par la consommation aboutit à la suppression de tout profit commercial et industriel et. peu à peu, le coût de production calculé d'après les salaires, les matières premières, les frais généraux, l'amortissement et la part mise de côté pour la réserve et le développement, c'est-à-dire pour l'avenir, deviendra la base de l'établissement du prix des produits et des marchandises; mais alors, que devient la fameuse loi de l'offre et de la demande? Dans la République coopérative, il n'y a plus ni offre ni demande ou, plus exactement, c'est la demande qui détermine l'offre et la limite.

Un problème nouveau se pose alors. Avec la République coopérative naissante, quelle est la part que l'industrie des consommateurs réservera à la persistance et à la continuité des institutions de la société humaine; en d'autres termes, quelle part fera-t-on à l'avenir par rapport au présent? De ce problème, dépend en réalité la mesure dans laquelle la coopération accentuera le progrès économique; remarquons également que la nouvelle société économique, du jour où elle sera suffisamment étendue, n'aura pas à se mouvoir dans les cadres du régime actuel qui lui servent d'une sorte de baromètre économique pour connaître ses propres conditions de production dans chaque branche d'industrie et où en face d'elle il y a encore des concurrents. A ce moment-là, quelle part réservera-t-elle à l'effort productif du travail? Certes, chacun sera consommateur et producteur, mais sur quelle base rémunérera-t-on le travail, quelles conditions générales fera la République coopérative aux diverses corporations et quel système d'émulation instaurera-t-elle pour porter l'effort individuel au maximum et ce pour le plus grand bien de la collectivité ? En tout cas, elle sera naturellement amenée à renoncer au régime du salariat qui ne récompense pas le travail proportionnellement à l'effort accompli, il faudra donc rechercher comment une Société de consommation faite pour la satisfaction des besoins devra tenir compte du rendement à obtenir dans le procès de production.

Problèmes d'avenir sans doute que l'expérience se chargera de résoudre. On ne peut imaginer à priori la solution, mais problème immédiat aussi dans la mesure où la République coopérative se constitue dès maintenant. Chose curieuse, elle trouve une sorte de guide ou de modèle pour son propre développement dans les organismes survivants de la Société actuelle en face desquels elle s'institue.

Nous avons ainsi marqué les caractéristiques économiques de la Société actuelle, nous avons ensuite vu les différences profondes avec la Société qui s'élabore, mais nous devons voir enfin si la République coopérative, société du consommateur souverain, peut davantage servir l'intérêt général et le progrès de la civilisation que la société capitaliste animée par les intérêts des producteurs ou plus exactement des détenteurs des moyens de production. Nous avons déjà vu et nous venons de voir que les intérêts des vrais producteurs et des représentants du travail sont à l'opposé de ceux qui ne produisent pas par eux-mêmes, mais font produire les autres.

D) La République coopérative devant l'intérêt général et le progrès économique.

a) L'INTÉRÊT GÉNÉRAL. — La souveraineté du consommateur, telle est la conclusion logique d'une République coopérative. Doit-elle avoir un contre-poids, ceci est une autre question. N'y a-t-il point un intérêt collectif, un intérêt social supérieur à l'intérêt de l'homme pris comme consommateur, c'est-à-dire pris dans l'une de ses manifestations, le côté économique. N'oublions pas qu'il y a d'autres rapports sociaux et qu'il y a à côté de l'homme économique, l'homme moral, sociable.

Mais ce n'est point ce que nous avons à traiter en ce moment, nous voulons simplement marquer les tendances naturelles, la logique déductive d'une société nouvelle en formation. Or, incontestablement, l'intérêt du consommateur est celui qui se rapproche le plus de l'intérêt général jusqu'à se confondre souvent avec lui.

Tout le monde est consommateur et, par conséquent, qui différencierait un intérêt de l'autre? Chacun n'est pas peut-être consommateur de toutes choses et la coopérative ne fournit pas à ses débuts tous produits, n'entreprend pas toutes les formes de la consommation, mais envisageons le problème dans son ensemble et constatons que les deux points de vue se touchent. Il est évident, au contraire, que les intérêts du producteur et de production capitaliste sont des intérêts corporatifs particuliers et limités, ils sont en réalité dirigés contre le reste de la société ; n'avons-nous pas vu que leur intérêt est de vendre à tous le plus cher possible avec le plus de bénéfice ? C'est donc l'intérêt de quelques-uns, tout au plus un intérêt de groupe, différent de l'intérêt de l'ensemble.

Chaque consommateur ou chaque catégorie de consommateur, au contraire, vise au même but que son voisin, obtenir les satisfactions maxima des besoins et ceux-ci, loin de s'opposer, tendent beaucoup plus à se compléter.

b) LE PROGRÈS ÉCONOMIQUE. — Une société économique nouvelle ne remplace l'ancienne que dans la mesure où elle représente un progrès économique et pas seulement une meilleure méthode de répartition des richesses. Pouvons-nous dire que la République coopérative apparaît comme s'appuyant sur une théorie économique qui doit aboutir à ce progrès, c'est-à-dire à une multiplication des richesses?

La théorie économique de la République coopérative repose sur un principe nouveau : la subordination de la production à la consommation et l'organisation de celle-ci par celle-là.

Peut-on prétendre et nous le croyons, qu'une société reposant sur la souveraineté du consommateur, où l'intérêt de la consommation détermine son effort, ne contient pas, par là même, le plus puissant aiguillon du progrès ? En fait, les besoins de l'humanité sont infinis, ils se multiplient chaque jour, ils naissent même beaucoup plus vite que les moyens de les satisfaire ; or, la République coopérative est entre les mains du consommateur, c'est le besoin qui est à la base de la vie économique, c'est donc un singulier levier de progrès que de vouloir satisfaire l'infinité des besoins humains quand précisément la direction de la production et son emploi sont entre les mains du consommateur.

Certes, ce dernier sera limité dans son action par les conditions techniques de réalisation, par l'état des forces productrices et par l'état des inventions humaines applicables, mais le ressort subsiste en son entier.

Est-ce donc l'intérêt personnel, la libre concurrence qui peuvent prétendre à une supériorité marquée ? Mais et chaque jour, nous voyons la libre concurrence évoluant et faisant place à l'organisation de la concurrence puis à sa disparition, et précisément parce qu'est apparue la nécessité d'assurer l'ordre et, dans l'ordre, l'accomplissement et l'application des progrès techniques.

De même, l'intérêt personnel est-il vraiment instrument de progrès avec la lutte pour le profit ? Il aboutit souvent à conserver des méthodes surannées de production, par exemple dans le commerce de la boulangerie ou de la boucherie ; ou encore à vouloir obtenir une main-d'œuvre à bon marché plutôt que de perfectionner l'outillage et les méthodes productives. La République coopérative peut donc entièrement remplacer la libre concurrence et l'intérêt personnel comme instrument de progrès, à une condition il est vrai, c'est d'adopter des formes de rémunération de l'effort maximum qui incitent au rendement maximum, mais il n'y a là rien d'impossible. Nous reverrons du reste le problème au cours de ce livre.

Enfin, il faut s'entendre sur ce que l'on appelle l'aiguillon du progrès et dans une page admirable, Charles Gide a montré les deux points de vue suivant lesquels on peut concevoir le progrès économique et le progrès moral :

« Et puis, à tout mettre au pire, quand bien même il serait démontré que l'apaisement de la concurrence sous la forme de la lutte pour la vie, que l'abolition de l'ardente soif du profit, dussent avoir pour effet, non pas de tarir, mais de ralentir un peu la source des richesses qui coule aujourd'hui à gros bouillons, je ne verrais pas là, à bien considérer, un grave sujet d'inquiétude. Stuart Mill prévoyait cette éventualité d'un état futur dans lequel « le fleuve de l'industrie humaine aboutirait, en fin de tout, à une mer stagnante ». Mais pourquoi stagnante ? Pourquoi ce mot qui suggère des idées lugubres de marécages ? Ne sait-on point que ce n'est point dans l'eau des torrents, ni des fleuves impétueux, toujours trouble et boueuse, mais seulement dans l'eau paisible des lacs, que se reflète la lumière du ciel et la joie des rivages et que nous pouvons contempler notre image ? De même, un jour peut-être, le ralentissement de l'activité économique, en donnant aux hommes plus de loisir, leur donnera le temps de vivre, de s'intéresser à autre chose qu'à l'argent, de se connaître eux-mêmes, de se pencher sur leur âme pour s'y regarder — ce qu'on appelle si bien la réflexion — et permettra ainsi à notre future société économique de refléter dans son cours apaisé un peu de joie, un peu de lumière du ciel et des choses d'en haut. »

c) LA PARTIE SOCIALE. — Reste un dernier point : la République coopérative est-elle, par son organisation de la répartition des richesses, plus équitable et plus juste que la société actuelle ?

La réponse est fort simple : La République coopérative élimine les « revenus sans travail » ! Elle donne donc à chacun le revenu qui correspond à son effort.

Mais en même temps, elle place au premier rang de ses préoccupations le besoin. Elle est donc, du point de vue de la partie sociale, une heureuse harmonie de ces deux aspirations : le bien-être et la rémunération de l'effort.

LE POINT DE VUE SOCIAL

LA COOPÉRATION EST SOCIALISTE PAR NATURE

> « Le coopératisme de Charles Gide
> et le socialisme de Jean Jaurès se
> rejoignent. »
>
> ALBERT THOMAS.

A) En quoi la Coopérative est-elle socialiste ?

Nul doute que la République coopérative ne se présente comme une solution socialiste de la question sociale.

Son but, l'idéal dont elle poursuit la réalisation par son développement constant et qu'elle réalise partiellement peu à peu est identique à celui du socialisme.

Et quand nous prononçons ce mot de socialisme, il faut lui donner le sens précis qu'il a acquis dans ces cinquante dernières années comme doctrine politique de transformation sociale, acceptée et partagée par des milliers et des centaines de milliers d'hommes et surtout de travailleurs en France, comme dans le monde entier.

Il ne s'agit pas seulement de dire que la coopération serait socialiste parce qu'elle repose sur une doctrine économique d'action collective et s'opposerait à l'individualisme. Si le mot socialisme a eu peut-être à l'origine ce sens très général, il est employé aujourd'hui pour désigner une théorie plus définie.

Il ne s'agit pas davantage de dire que la coopération est socialiste parce qu'elle engendre une morale de solidarité et ainsi, donner au mot socialisme le sens vague d'un sentiment de fraternité humaine, sens qu'il a perdu depuis longtemps, sentiment si facile à partager qu'il serait en réalité le bien de tout le monde.

Si, la coopération est socialiste, c'est que la République coopérative et la République sociale sont deux sœurs, le système économique qu'elles veulent l'une et l'autre réaliser est identique dans ses lignes générales.

Certes, cela ne veut pas dire que pour être coopérateur il faut être socialiste et beaucoup de ceux qui viennent à la coopération y sont attirés par d'autres mobiles : vie à meilleur compte, régularisation des prix, suppression des intermédiaires. Il importe peu de savoir l'opinion de ceux qui composent la coopération. Leur état de conscience n'a rien à voir avec la question de savoir si la Coopérative est une institution socialiste en soi et de par sa nature même. Peu importe l'opinion de ceux qui la composent.

Voyons d'abord comment la doctrine du socialisme politique se définit.

Si on prend la carte d'adhérent d'un membre du parti socialiste français, on y lit la formule de principes suivante, empruntée elle-même aux décisions des Congrès internationaux : « Entente et action internationale des travailleurs. Organisation du prolétariat en parti de classe pour la conquête du pouvoir et la socialisation des moyens de production et d'échange, c'est-à-dire la transformation d'une Société capitaliste en une Société collectiviste ou communiste. »

Laissons de côté pour le moment les trois premiers principes, l'internationalisme, l'organisation de classe du prolétariat, la conquête du pouvoir, ce sont là les moyens de réalisation sur lesquels nous reviendrons ; constatons seulement que le but du socialisme, c'est la socialisation des moyens de production et d'échange.

Quel est maintenant le but de la République coopérative ? Voici la déclaration de principes de la Fédération nationale des Coopératives de consommation, sortie du pacte d'unité qui en France a déterminé la constitution de l'unité de toutes les forces coopératives.

Il caractérise également le coopératisme dans ce pays et ailleurs en ses fins dernières et plus complètement qu'il ne l'a jamais été fait à travers le monde. « La coopération poursuit la substitution au régime compétitif et capitaliste actuel d'un régime où la production sera organisée en vue de la collectivité des consommateurs et non en vue du profit ;

« L'appropriation collective et graduelle des moyens d'échange et de production par les consommateurs associés, ceux-ci gardant dorénavant pour eux les richesses qu'ils auront créées. »

Abstraction faite des moyens, n'est-ce pas le même but final, la République coopérative intégrale, comme la République sociale, créerait la propriété collective des moyens de production et d'échange. C'est ainsi que socialisation et coopératisation sont deux termes très voisins, sinon identiques.

C'est même pourquoi nombre de coopérateurs se refusent à parler de coopération dite socialiste, ils prétendent que cet adjectif n'ajoute absolument rien à l'idée coopérative. C'est un pléonasme qui leur semble pour ainsi dire moralement injurieux ; la coopération n'a pas besoin de se dire socialiste pour l'être.

Ils ajoutent de plus que le mot socialisme est pris généralement dans un sens purement politique et ne convient pas pour exprimer l'idée commune de la coopération et du socialisme, l'idée de la transformation économique de la société réalisée par l'appropriation collective des moyens de production et d'échange. Si le mot socialisme était pris dans un sens purement économique, coopération et socialisme seraient synonymes et l'un et l'autre termes pourraient être employés indifféremment : le but, l'idéal est le même. Mais, entre le coopératisme et le socialisme il y a différence de méthodes et compréhension différente des moyens de réalisation. Ce qui importe, c'est de bien montrer l'importance respective des deux points de vue (1).

B) Les différences entre le coopératisme et le socialisme.

a) LA CONCEPTION CLASSIQUE DU SOCIALISME POUR LA RÉALISATION DE SON IDÉAL. — La formule que nous rappelions tout à l'heure et qui sert de formule d'adhésion au parti socialiste marque de suite les moyens qu'il préconise : internationalisme, lutte de classe, *conquête du pouvoir politique* (2).

Examinons ce qu'il faut entendre par la conquête du pouvoir politique.

Pour réaliser le socialisme, il faut prendre le pouvoir politique, c'est-à-dire s'emparer de l'Etat et de ses fonctions, il faut d'abord gouverner ; le bréviaire du socialisme moderne, le Manifeste communiste dit : « Le but immédiat pour les communistes est le même que pour tous les partis prolétariens, la constitution du prolétariat en parti de classe, le renversement de la domination bourgeoise, la conquête du pouvoir politique par le prolétariat. » Et, un peu plus loin, l'idée se précise : « Le prolétariat se servira de sa suprématie politique pour arracher peu à peu à la bourgeoisie tous les capitaux, pour les centraliser entre les mains de l'Etat, c'est-à-dire du prolétariat constitué en classe dirigeant les instruments de production et pour accroître au plus vite la masse disponible des forces productrices. »

Ainsi donc, le socialisme se réalisera par une série

---

(1) Nous ne cherchons nullement pour le moment à examiner la question des rapports des organisations coopératives et des partis socialistes ; c'est un problème d'ordre pratique qui certes peut être influencé par l'opinion que l'on se fait et de l'organisation coopérative, et de la fonction du parti socialiste, mais nous voulons ici seulement traiter un problème doctrinal et théorique sur la valeur de transformation sociale des deux idées. Nous avons, du reste, indiqué ailleurs les raisons qui conduisent à défendre l'autonomie et l'indépendance des deux mouvements.

(2) Nous examinerons l'internationalisme économique à la fin de ce livre.

d'actes politiques, par une expropriation *au moyen de lois et décrets* des détenteurs des moyens de production et d'échange et par la remise à la collectivité de ces mêmes instruments de travail.

Les différentes écoles du socialisme politique peuvent se différencier sur le caractère à donner à l'expropriation, mais pour les uns et les autres, la méthode est la même, c'est avec l'arsenal des lois, des décrets, c'est avec l'instrument politique qu'elles entendent réaliser leur idéal. Le socialisme créera la Société nouvelle par des mesures gouvernementales et législatives ; voici du reste le raisonnement.

La Société capitaliste, par son développement, crée les conditions naturelles de la réalisation du socialisme, elle tend à ramener en des mains de plus en plus restreintes la propriété des moyens de production et d'échange et les capitalistes jouent de moins en moins un rôle dans le procès de production où ils sont des parasites sociaux ; l'expropriation au profit de la collectivité des bénéficiaires et des privilégiés de la Société actuelle sera tâche facile, et, une fois faite, la vie économique continuera à fonctionner. Le capital de privé sera devenu social, les travailleurs, du manœuvre à l'ingénieur, du compagnon au directeur, continueront, à leur poste, leurs efforts de production, mais leurs efforts au profit de la collectivité. Le socialisme se couchera en réalité dans le lit du capitalisme, il n'aura rien à créer économiquement, mais à détruire politiquement l'appareil juridique de la société actuelle.

b) MODALITÉS DIFFÉRENTES DES ÉCOLES SOCIALISTES DANS LEUR UNITÉ FONDAMENTALE. — Certes, certains socialistes admettent que des indemnités seront données aux possesseurs actuels des moyens de production et d'échange (généralement sous forme de rentes viagères afin qu'il ne soit pas possible de reconstituer le capitalisme privé).

D'autres, au contraire, de moins en moins nombreux pensent que la propriété capitaliste ayant pour origine l'exploitation du travail, ne peut, par conséquent, nullement entraîner un droit à quelque remboursement que ce soit.

Certes, aussi, certains socialistes pensent que la conquête du pouvoir politique s'accomplira par le jeu même de la conquête des majorités, là où le suffrage universel existe et où la démocratie économique fonctionne. Ils estiment que cela est désirable pendant que d'autres, au contraire, croient qu'un coup de force sera inévitable en raison des résistances de la bourgeoisie au pouvoir et quelques-uns exaltent la nécessité de cette violence. Beaucoup sont prêts à envisager l'une ou l'autre de ces méthodes, et s'en remettent aux circonstances favorables pour les employer et aux situations différentes pour choisir entre elles.

Certes, certaines écoles socialistes affirment qu'aucune réalisation du socialisme ne pourra être faite avant la prise totale du pouvoir politique par la classe ouvrière organisée en parti de classe et ils dénoncent comme des replâtreurs sociaux ou des réformateurs conservateurs de la société capitaliste ceux qui, tout en recherchant la prise du pouvoir, prétendent substituer à la conquête unique de ce pouvoir la conquête graduelle par le socialisme des pouvoirs publics. Ces derniers prétendent en effet ainsi réaliser par des actes politiques partiels : « la substitution nécessaire et progressive de la propriété sociale à la propriété capitaliste ».

Les uns et les autres peuvent se targuer, à juste raison, d'être des révolutionnaires en ce sens qu'ils veulent une transformation complète de la société et que ce n'est pas le caractère de violence de la prise du pouvoir qui détermine le caractère révolutionnaire de cet acte (1).

Dans la pratique, entre ces opinions extrêmes, les socialistes, dans tous les pays, pratiquent une politique de pénétration socialiste quotidienne du pouvoir et d'organisation pour sa conquête totale.

Mais, quoi qu'il en soit, que les écoles socialistes classiques dont nous venons de parler soient pour l'ex-

____

(1) Mais, de ce point de vue, la coopération pourrait également se prétendre révolutionnaire.

propriation avec ou sans indemnité, pour la conquête
du pouvoir par un coup d'Etat ou à l'aide d'une majorité parlementaire, qu'elles croient que rien de socialiste ne puisse être fait qu'après cette conquête totale
ou qu'au contraire, c'est progressivement que le socialisme se réalisera, même avant cette prise totale du
pouvoir, peu importe.

Dans tous les cas, le socialisme politique et exclusivement tel a une base commune, il croit à la transformation sociale par l'action politique, par un règlement
législatif des choses, résultat de son ascension partielle
ou totale au pouvoir politique. Il déclare que, maître
du pouvoir, il renversera l'Etat en tant qu'Etat, l'Etat
pouvoir de gouverner les hommes et de maintenir
l'exploitation des classes sociales les unes par les autres,
il entend ainsi instaurer la société nouvelle.

Cette méthode de réalisation est précisément ce qui
différencie le coopératisme du socialisme, la République
coopérative et la République sociale, malgré leur identité de but et la similitude de leur idéal. Il est vrai que
beaucoup de socialistes, en ces dernières années, ont
peu à peu modifié leur point de vue expressément politique ; le syndicalisme qui lui aussi est une école socialiste, comme le coopératisme, a exercé en ce sens une
influence.

Pratiquement, les méthodes se sont souvent rapprochées quelquefois même en des combinaisons curieu-
ses, mais il importe toutefois de caractériser dans toute
leur rigueur les méthodes en présence et pour ainsi
dire dans leur exposé extrême et complet, ce n'est
qu'ensuite qu'il sera possible de bien voir dans quelle
mesure elles seraient conciliables.

c) DIFFÉRENCES CERTAINES DU SOCIALISME POLITIQUE
ET DU COOPÉRATISME ÉCONOMIQUE. — Les différences
certaines peuvent se ramener à deux :

1° Le système coopératiste économique prétend éliminer la société capitaliste et y substituer une société
nouvelle, la République coopérative se développant dans
les cadres mêmes de la société actuelle, le socialisme
politique par contre prétend se servir des rouages

économiques créés par la société capitaliste en ses formes évolutives extrêmes et simplement s'en emparer pour en modifier l'appropriation.

Le coopératisme économique repose sur l'action spontanée des consommateurs et part du cadre même du régime capitaliste, il est œuvre privée ; le socialisme politique entend utiliser la force coercitive pour s'implanter, elle est action publique.

2° Le coopératisme économique est constructif, le socialisme politique est destructif.

Quelques observations et quelques éclaircissements sur ces deux points :

α) *L'élimination par la concurrence ou la transformation sociale par la législation.* — La République coopérative part de la société actuelle; c'est dans les cadres mêmes de la société capitaliste, c'est sur le terrain de la libre concurrence avec le commerce capitaliste, qu'elle se place ; elle crée de toutes pièces et peu à peu la société nouvelle, elle commence par se substituer au commerce privé de détail, puis au commerce de gros, ensuite, elle supplante le capitalisme industriel, puis le capitalisme financier, et enfin le capitalisme agraire, mais elle y aspire sans arrêt et va vers la totale transformation sociale.

La République sociale entend se servir des rouages économiques fondés par le capitalisme, elle déclare qu'il suffit de rendre propriété sociale les moyens de production et d'échange aujourd'hui collectifs pour l'effort du travail individuel dans leur appropriation. Elle affirme qu'il est bien inutile de créer un régime économique nouveau quand déjà il existe et qu'il n'y a qu'à s'en servir pour le faire fonctionner au profit de la collectivité. Il faudra beaucoup moins de temps.

La République coopérative, au surplus, ne rencontrera-t-elle pas dans sa réalisation des obstacles tels que son développement devienne impossible par suite de l'obstruction des défenseurs de la société actuelle.

A cela, les défenseurs de la République coopérative peuvent répondre :

1° Les révolutions sociales ou les transformations

économiques du monde, même quand elles ont été suivies, précédées ou accomplies en même temps que des révolutions politiques s'occupant de la structure juridique des Sociétés, ne se sont produites effectivement que si préalablement le cadre de la société nouvelle, ses formes de production, d'échange et de consommation, ses institutions économiques propres avaient atteint un degré important, rationnel et général de développement;

2° L'évolution du régime capitaliste n'est pas si rapide qu'on veut bien le dire pour constituer dès maintenant et entièrement les formes mêmes de la Société nouvelle. Il vaut mieux commencer immédiatement une transformation même partielle que d'attendre et de s'en remettre à un temps où la transformation totale sera possible;

3° La transformation sociale par la prise du pouvoir, même si elle était possible, ne pourrait être que partielle, car l'adaptation immédiate des rouages économiques existants aux nécessités de la vie collective ne serait pas réalisée dans les faits, c'est pourquoi du reste le socialisme politique est obligé de remettre à de longs temps la réalisation de son idéal complet, par exemple en matière agraire ou même à l'égard des petits commerçants ou de l'artisannat, pendant que la coopération par son développement intégral et la création chaque jour de monde nouveau entend aller peu à peu jusqu'au bout et sans arrêt vers la transformation sociale totale.

Le développement plausible de la coopérative malgré tous les obstacles rencontrés, et les oppositions du capitalisme est enfin la meilleure garantie de son avenir indéfini ;

4° Enfin, il n'est pas exact que les rouage économiques de la société actuelle conviennent comme on veut bien le dire à la société nouvelle.

En vérité, la transformation de l'appareil juridique ne suffit pas pour réaliser une société.

L'action de force qui caractérise l'action politique ne peut rien créer et ne peut que détruire et de là aussi, une différence entre le coopératisme économique constructif de la société nouvelle et le socialisme politique destructif de la société présente : socialistes démocrates ou socialistes partisans de la dictature du prolétariat ont des divergences de vues, mais ont également un point de vue commun, et il est essentiel.

Tous proclament que l'émancipation du prolétariat est subordonnée à la conquête de l'État et que tout le socialisme est dans la prise du pouvoir politique ; en réalité, dans un discours retentissant, Lagardelle, un des théoriciens du syndicalisme, avait dès 1907, au Congrès socialiste de Nancy, marqué tous les caractères de cette conception différente du syndicalisme et également du coopératisme avec le socialisme politique dont il fait la sévère critique suivante :

« Il ne s'agit que de deux façons de concevoir cette
« mainmise sur l'État. La première, qui est celle des
« socialistes réformistes... consiste à dire : « Le jour où
« nous serons la moitié plus un au Parlement, où la
« majorité du pays sera représentée par une majorité
« de députés socialistes... ce jour-là, nous opérerons
« par voie législative la transformation sociale. » Puis, il
« y a l'autre théorie, la méthode globale et révolution-
« naire qui dit : « Conquérons d'emblée par coup de force
« l'État et une fois maîtres du pouvoir nous imposerons
« la dictature impersonnelle du prolétariat, nous socia-
« liserons les moyens de production et d'échange, nous
« décréterons la révolution sociale. »

« Ces deux conceptions se ressemblent et sont éga-
« lement utopiques parce qu'elles donnent à la force
« coercitive de l'État une valeur créatrice qu'elle n'a
« pas. Que vous opériez selon le mode réformiste ou
« selon le mode révolutionnaire, que vous soyiez la
« moitié plus un à la Chambre ou que vous ayez pris le
« Gouvernement d'assaut... vous ne donnerez pas aux
« ouvriers qui votent pour les candidats socialistes...
« la capacité de diriger la production et l'échange.
« Vous serez les maîtres de l'heure, vous détiendrez
« toute la puissance qui, hier, appartenait à la bour-
« geoisie, vous entasserez décrets sur décrets et lois
« sur lois, mais vous ne ferez pas de miracles et vous
« ne rendrez pas du coup les ouvriers aptes à rempla-
« cer les capitalistes. En quoi, dites-moi, la possession

« du pouvoir par quelques hommes politiques socia-
« listes aura-t-elle transformé la psychologie des mas-
« ses, modifié les sentiments, accru les aptitudes, créé
« de nouvelles règles de vie et fait qu'à la place d'une
« nouvelle société de maîtres et d'esclaves pourra exis-
« ter une société d'hommes libres. »

Malgré tout, la structure interne d'une entreprise
capitaliste est toute différente de celle d'une entreprise
coopérative; il est bien vrai de dire que l'effort de travail y est également collectif, que ce sont les mêmes
instruments de travail et que les plus perfectionnés
pourraient continuer à y fonctionner, mais la vie économique n'est pas faite que pour cela, ce qui importe
par-dessus tout, c'est la gestion administrative des organisations économiques.

Or, la direction par exemple d'une coopérative est
toute différente de la direction d'un grand magasin, il
est impossible de comparer les rouages internes d'une
usine, propriété d'une société anonyme capitaliste et
ceux d'une usine de même fabrication gérée par un
magasin de gros coopératif. L'ensemble de l'organisation, non pas technique mais administrative, repose
dans un cas sur l'autorité autocratique et dans l'autre,
sur le contrôle démocratique. Du reste, pratiquement,
tel homme, excellent administrateur ou directeur d'une
société capitaliste ne présentera aucune qualité, aucunes
aptitudes à mener à bien une société coopérative et
réciproquement.

Il est donc faux de prétendre qu'il suffira du jour au
lendemain, par un coup de baguette magique, de décréter la propriété sociale à la place de la propriété
privée pour que la révolution soit faite; en réalité, c'est
par l'expérience que les bonnes habitudes de gestion
s'acquièrent, que des traditions se prennent et que la
capacité des hommes et l'éventualité d'une transformation sociale s'opère et se forme.

Et encore, faudrait-il admettre que la transformation
juridique de la propriété privée, la propriété sociale,
s'applique à des branches de production déjà trustées
et monopolisées par ailleurs. Mais alors, ce n'est pas
du jour au lendemain que la révolution peut se faire, il

y a nécessairement des transformations économiques à accomplir pour coordonner les usines entre elles dans leur effort de production unitaire.

Or, nous n'avons pas une société économique trustée partout, mais bel et bien reposant sur le principe de la recherche du profit et sans souci des besoins à satisfaire.

Va-t-on continuer à produire dans les mêmes établissements, dans autant d'établissements et là où ils sont; il y a donc une réorganisation de toute la vie économique et de la production à accomplir. Or, le pouvoir politique est par lui-même absolument incapable d'opérer cette transformation, ce ne sont ni des lois ni des décrets, même du Gouvernement, qui peuvent seuls y réussir, il ne s'agit pas même là de plus ou moins de capacité des hommes, mais plus exactement de la capacité des choses, de la puissance des institutions et de leur aptitude à remplir telle ou telle fonction économique.

Certes, ce pouvoir politique peut abolir, peut renverser, il peut détruire; mais qu'il fasse ou défasse des lois et des décrets, il ne crée pas et ne construit rien par lui-même; de là, toute la distance qui sépare coopératisme économique et socialisme politique.

Le coopératisme économique a le mérite de l'absorption à mesure d'expériences faites et le fait qu'il ne peut grandir que dans la concurrence avec les organes de la Société actuelle est la meilleure preuve de son aptitude croissante et d'une sorte de sélection non plus des plus forts, mais au profit des meilleurs et cela lui assure un jour la prédominance.

Si la solution coopérative paraît plus complexe, moins simple que la solution du socialisme politique, c'est que la vie économique est elle-même un enchevêtrement de complications et que des affirmations de principes utiles comme directives ne suffisent point, pour l'action pratique, dans l'infinité des détails au milieu de l'enchevêtrement et de la variété des problèmes et des questions.

Enfin, n'oublions pas qu'il faut d'abord assurer la suite de la production, non pas même dans les conditions égales mais dans des conditions supérieures de productivité ou, sans cela, la réalisation d'un idéal de transformation sociale risquerait de débuter par une destruction provisoire de la Société économique. La Société nouvelle, malgré son caractère de justice, pourrait entraîner avec elle son cortège de misères et de douleurs morales et sociales, sans compter le retour possible au vieux système économique capitaliste.

Du reste, il semble bien que l'époque où nous vivons nous fournit de nombreux et probants exemples de l'insuffisance de l'action coercitive, de l'action du pouvoir pour la réalisation de l'idéal socialiste. Ces deux exemples peuvent être pris aux deux pôles opposés, tout au moins apparemment, de l'action du socialisme politique; c'est l'exemple à la fois de l'Allemagne gouvernée par une majorité socialiste dans une république démocratique et c'est l'exemple de la Russie gouvernée au nom d'une dictature prolétarienne.

Nous voyons des bolchevistes décréter la révolution sociale chaque jour avec une rigueur extrême. S'ils entendent se servir de l'État avec tous ses attributs, de l'État oppresseur d'une classe par l'autre mais au profit de la classe prolétaire, il ne semble point qu'ils soient arrivés à constituer une société économique vivante, intensifiant la production, multipliant la productivité, permettant ce régime de communisme dans la fécondité abondante auquel ils aspirent.

La désagrégation économique que le tsarisme et la guerre avaient entraînée pour la Russie ne semble vraiment avoir été diminuée que par les progrès incessants du mouvement coopératif qui, aux yeux de tous, est aujourd'hui la seule grande force de reconstitution économique de ce pays.

Le mouvement coopératif semble avoir voulu vivre à part du gouvernement bolchevique sans combattre ni défendre sa conception politique. Il s'est fait d'abord respecter comme une forme sociale d'émancipation, mais un jour est venu où la puissance politique impuissante n'a pas cru mieux faire que de s'emparer de lui pour réaliser par la coopération ce qu'il ne pouvait faire par lui-même.

N'empêche que c'est vraiment la coopération qui réalise le socialisme et matérialise la révolution.

L'exemple de l'Allemagne socialiste ne vient-il pas exactement de la même façon renforcer cette thèse. La majorité ou presque est acquise au parti socialiste, c'est en tout cas lui qui gouverne. Il détient le pouvoir et cependant, a-t-il réalisé la transformation sociale ; certes, il a essayé, il a fait voter des lois de socialisation, mais quelle application réelle s'en suit-il ? Chaque jour nous apprend les difficultés rencontrées ; cependant, le socialisme allemand était un modèle de puissance et de force d'organisation, il ne parvient qu'à ébaucher les solutions, la vie économique reste dans son ensemble sous la forme de l'organisation privée ; c'est encore la preuve que même la loi socialiste ne peut faire surgir tout à coup le monde économique nouveau si les cadres n'existent pas préalablement.

d) Différences possibles entre socialisme politique et coopération économique. — Deux autres différences possibles entre République coopérative et République sociale.

α) *Socialisme producteurs ou socialisme de consommateurs.* — Puisque nous parlons des expériences russes et allemandes et marquons leur insuffisance relative pour la réalisation du socialisme malgré la maîtrise du pouvoir, ne peut-on aussi se demander si précisément, en raison de ces tentatives, il n'y a pas une autre différence et celle-là beaucoup plus grave entre la République coopérative et la République sociale.

L'une des caractéristiques de l'effort dans chacun des pays dont nous venons de parler n'a-t-il pas été de créer une Société reposant sur la prédominance des producteurs alors que la formation de la République coopérative repose sur la souveraineté du consommateur.

Il est bien vrai que le mot de République sociale ne semble nullement indiquer cette idée. Le mot « sociale » implique au contraire la maîtrise de la collectivité et le collectivisme ou le communisme ne peuvent se concevoir que par la suprématie même de la catégorie éco-

nomique des consommateurs ; la République sociale
semble à première vue au-dessus des catégories économiques, elle représenterait la souveraineté de la société
elle-même impliquée, identifiée en ses manifestations
de tous ordres et de toutes espèces, économiques, techniques, juridiques, etc. En un mot : c'est la Société.

Et pourtant, une équivoque semble subsister. Quelques socialistes, précisant leur idéal, ont bien dit concevoir la Société nouvelle comme une immense coopérative économique ; Kautsky, le grand théoricien marxiste,
n'a-t-il pas écrit : « Le régime socialiste qu'est-ce
donc sinon une Coopérative élargie et généralisée »,
mais les formules du socialisme politique généralement
employées sont plus vagues ; que disent-elles ? Elles parlent aussi également de l'émancipation du travail et de
l'émancipation sociale, elles parlent du régime qui trans-
formera le travail salarié en travail associé. Nul doute
en tout cas que dans les masses le socialisme n'apparaisse uniquement comme la main mise des travailleurs
sur la production et l'échange. Il s'agirait alors d'une
cité de travail dirigée par le travail, au profit du travail, c'est alors un socialisme de producteurs.

A la notion du droit de la collectivité s'oppose alors
le droit du travail ; certes, pour la plupart, les socialistes ont dénoncé l'usine aux travailleurs, la mine aux
mineurs, etc., et ont montré qu'une société pareille
n'aboutirait qu'à une lutte effrayante entre groupes de
producteurs. Ils ont insisté sur la propriété sociale mais
sans préciser quelle part de gestion de la propriété commune, quelle indépendance et quel rôle seraient assurés
aux producteurs ; l'école syndicaliste et la C. G. T. française ont du reste été fort instructives à ce point de
vue ; la résolution du Congrès d'Amiens et celle du Congrès de Lyon ne disent-elles pas ceci :

« Le syndicalisme réalise le régime nouveau suivant
ses conceptions propres avec les organismes qu'il aura
lui-même créés et dont le caractère essentiel doit être
de donner aux forces de production la direction et le
contrôle de l'économie collective... »

(Congrès de Lyon de la C. G. T., septembre 1910.)

« Il considère que le syndicat, aujourd'hui groupement de résistance, sera dans l'avenir le groupe de production et de répartition, base de réorganisation sociale. »

(Congrès d'Amiens de la C. G. T., 1909.)

Le socialisme politique, lui-même, est influencé dans ses méthodes de pensée par ces suggestions du travail, c'est-à-dire du travailleur souverain, et plus en tant que producteur que consommateur. Il n'est pas sûr qu'il ne voit pas là l'élément de la souveraineté économique nouvelle.

N'est-ce pas du reste là l'erreur commise par les bolchevistes qui font du travail la base même de leur constitution politique : le travail seul donne droit à la participation au pouvoir ; certes, tout homme valide, dans une société où il n'y aurait plus de profit ne pourrait vivre que de son travail. Mais la notion du travail risque fort d'être comprise dans un sens manuel, car le travail utile est fort difficile à définir. Et puis, il y a tous les enfants, les femmes, les vieillards, tous ceux qui ne travaillent plus (souhaitons que ce soit seulement quand ils seront vraiment des vieillards, dans une société bien organisée, qu'ils ne travailleront plus). Et puis, il y a les artistes, les littérateurs et que de professions dont le travail ne se traduit pas en produit matériel et qui, cependant, ne font pas partie eux des parasites sociaux et alors, ne comptent-ils plus dans une Société socialiste?

Enfin, le producteur se classe dans des organisations où son intérêt de travailleur se restreint, se limite, à un effort spécialisé qui l'incorpore à des groupements eux-mêmes restreints, séparés, quelquefois opposés les uns aux autres.

Evidemment, la République coopérative se présente sous un autre jour en appelant les consommateurs à organiser la société et même la production pour la satisfaction de leurs besoins et sous leur direction. Elle représente bien davantage comme telle l'intérêt général, l'idéal même d'une société plus juste. Après tout, le but de la vie n'est pas le travail. Le travail si noble soit-il est une peine, tout au moins restera-t-il tel pour la part due à la Société, pour la part qui permettra à celle-ci de vivre, pour la part qui ne peut à aucun moment être un agrément, mais qui est un devoir.

L'épanouissement de l'individualité humaine par la mise en commun et la gestion commune de ses ressources, n'est-ce pas plutôt le but à atteindre; on pourrait plus exactement reprocher à la République coopérative d'envisager la société au point de vue d'une catégorie très large, il est vrai, mais purement économique : celle des consommateurs. On pourrait peut-être utilement rappeler qu'au-dessus, il y a la société humaine elle-même qui a un droit plus haut et plus souverain pour s'organiser et se diriger.

Quoi qu'il en soit, cette notion de société du travail est à la base de l'action du socialisme politique. Le bolchevisme en est la démonstration éclatante, mais n'est-ce pas la même erreur que nous retrouvons en Allemagne et en Autriche, en Autriche où précisément le socialisme est au pouvoir et voulant faire la socialisation, s'aperçoit aujourd'hui de l'importance qu'il y a de remettre entre les mains des consommateurs, au moins pour la plus large part, la direction des entreprises.

Espérons en tout cas que cette différence s'affaiblira, peu à peu, à mesure de la compréhension des choses et des expériences faites. Deux livres, l'un de Otto Bauer sur les nationalisations en Autriche; l'autre, celui de M. Wildbrand sur les nationalisations en Allemagne, publiés en Suisse, contiennent des passages extrêmement caractéristiques. Ils montrent la préoccupation grandissante, à la lumière des expériences, d'assurer la souveraineté du consommateur.

Pour le moment, notons comme une différence possible entre la République coopérative et la République sociale, cette conception de la base du monde nouveau; peut-être provient-elle d'un malentendu ou de l'insuffisance de précision et de mise au point sur la question de savoir si le socialisme lui-même sera un socialisme de consommateurs ou un socialisme de producteurs?

Cette interprétation de la République sociale, du

point de vue limité du producteur, a pour origine fondamentale le fait que tout le socialisme politique est imprégné dans son action de l'idée de la lutte de classe et de l'organisation du prolétariat comme classe. Ceci est pour lui le seul moyen de préparer la conquête du pouvoir et, par là même, la condition préalable de réalisation du socialisme. Là encore une différence, au moins d'apparence, sépare coopératisme économique et socialisme politique.

β) *Lutte de classe et organisation de consommateurs.* — Il semble à première vue que c'est un fossé profond qui s'établit à ce point de vue. Pour sa réalisation, le socialisme politique ne fait appel et ne compte que sur la classe prolétarienne; il affirme que celle-ci a une mission historique à accomplir ; c'est elle, et elle seule, qui a charge d'assurer la réalisation de la République sociale. Plus au contraire elle séparera ses intérêts de ceux de la classe possédante, qui ne font et ne doivent faire qu'un contre elle, plus elle pourra s'organiser séparément et mieux elle sera à même de conduire la civilisation vers l'étape supérieure qui attend la société humaine. La classe prolétarienne, seule, a un intérêt au monde nouveau, elle seule pourra le réaliser ; l'histoire des sociétés n'est que l'histoire des classes, l'une remplaçant l'autre. Le prolétariat doit, par lui-même, réaliser son émancipation et, avec l'émancipation de sa classe, celle de l'humanité, c'est le sens de la vieille formule : « L'émancipation des travailleurs ne sera que l'œuvre des travailleurs eux-mêmes », et complétée par cette autre : « Prolétaires de tous pays, unissez-vous. »

La constitution de la République coopérative semble, à première vue, tout à l'opposé ; la République coopérative repose sur l'organisation des consommateurs, mais ceux-ci appartiennent à toutes les classes sociales depuis le millionnaire jusqu'au plus modeste manœuvre ; chacun est consommateur et la porte de la Coopérative lui est ouverte au même titre, c'est donc la transformation sociale opérée ou s'opérant sur un tout autre terrain par des méthodes absolument différentes.

A la Coopérative, une place égale, ni plus grande ni moins grande, doit être donnée à chacun et tous peuvent contribuer également à la préparation du monde nouveau, mais en vérité, y a-t-il vraiment une différence fondamentale entre les deux conceptions et peut-on dire qu'il est impossible de concilier les deux points de vue ?

La lutte de classe est un fait, mais en quoi la Coopérative peut-elle le nier ? Il y a de classe dans la société actuelle et sous le régime capitaliste dans lequel nous vivons, mais l'avènement du socialisme politique ne consiste-t-il pas lui-même dans la suppression des classes ? Il affirme que le prolétariat doit assurer, non pas seulement sa propre émancipation, l'émancipation de sa classe, mais l'émancipation de la société. Si même certains parlent d'une dictature de classe, ce n'est dans leur pensée qu'un régime transitoire pour assurer le triomphe du monde nouveau contre les réfractaires ou les défenseurs de l'ancien régime.

En dernière analyse, dans la République coopérative, il n'y aura pas non plus de classe puisqu'il n'y aura plus de détenteurs de moyens de production et d'échange. Le capital privé n'étant plus d'un côté et les salaires de l'autre, il y aura une société harmonieuse et équilibrée. Le but donc est identique; seulement la République coopérative présente précisément ce caractère original d'être dès aujourd'hui, dans la société capitaliste elle-même, un embryon de cette société nouvelle où il n'y aura plus de classe. Elle annonce le monde nouveau, elle le crée par avance; elle se compose donc de tous les consommateurs quels qu'ils soient, comme si déjà il n'y avait plus de classe. Elle anticipe l'avenir.

Toutefois, si elle fait appel à tous, elle n'en grandit pas moins dans la société actuelle, dans une société où ces classes existent, continuent à exister. Il lui est impossible de les supprimer d'un trait de plume. Le vrai problème est alors de savoir quelle sera la situation des différentes classes de la Société par rapport à elle; nul doute que les revenus étant fonction de la position sociale, chaque consommateur imprégné de sa fonction de classe, et par là même de ses idées de classe, n'envisage la coopération sous un jour différent. En fait, que se produit-il? Des classes sociales, les unes auront un intérêt primordial à se placer du point de vue du consommateur, car cet intérêt sera pour eux le plus important; les autres, au contraire, ou négligeront, ou mettront leur intérêt de classe au-dessus de l'intérêt du consommateur. Mais précisément la classe capitaliste en ses différentes couches, sera beaucoup plus préoccupée de chercher le profit du producteur qu'elle touche, que de supprimer le même profit dont elle est lésée comme consommatrice; ou tout au moins, pour chacun, plus son intérêt se rapprochera de l'une des fonctions, plus ou moins il sera attiré par la coopération.

La classe prolétarienne, au contraire, dont la puissance de consommation est la moins grande, mais qui a le plus d'intérêt à l'économiser au mieux et à l'utiliser au maximum, sera la première à se servir à la Coopérative. Et voici ce qui explique que la coopération fait appel et peut faire appel à tous les consommateurs quels qu'ils soient. Les Sociétés coopératives ne sont composées pour les 9/10 que des représentants de la classe des prolétaires. Elles ne trouvent des adhérents en grand nombre parmi les membres des classes moyennes ou supérieures que parmi ceux de ses membres qui sont les plus rapprochés de la classe ouvrière par leur situation sociale.

Ainsi donc, la République coopérative n'est pas une institution de classe, elle ne peut l'être parce qu'elle est déjà la société future en formation où il n'y aura plus de classe, mais, comme elle grandit dans une société où elles existent, elle est formée surtout des représentants de la classe prolétarienne dont les intérêts sont plus proches des intérêts de la consommation et de l'intérêt général.

C) La République coopérative se suffit à elle-même mais ne suffit pas à tout.

Evidemment, la République coopérative se présentant sous son schéma dynamique et sous réserve de l'examen des limites éventuelles à son développement peut prétendre, à elle seule, à la transformation de la société. Au moins économiquement, elle n'a pas besoin de forces extérieures, elle se suffit à elle-même sur son propre terrain, mais en quoi la poursuite de la réalisation simultanée de la République coopérative et de la République sociale peut-elle être contradictoire ? L'une n'entrave pas l'autre, la recherche de la conquête de l'Etat par une classe, la classe prolétarienne, ne peut à aucun moment être gênée ou retardée par l'existence des Coopératives de consommation créant les fonctions de la République coopérative. Du reste, une action est d'ordre économique, l'autre d'ordre politique. Les deux terrains ne sont pas les mêmes, tout au plus pourrait-on prétendre que le socialisme politique étendant sa méthode d'organisation de classe au domaine économique, à l'organisation de la consommation, voudrait faire de la coopération de classe.

En fait, ceci est arrivé dans le passé : les Coopératives, certaines Coopératives, se sont fermées; elles voulaient rester ouvrières et même elles prétendaient être composées exclusivement de socialistes ou de membres d'un parti politique. Dans ce cas, la coopération n'avait pas de but en soi, elle n'avait pas dans la pensée de ceux qui agissaient de valeur de transformation sociale. On lui retirait ainsi son véritable caractère « socialiste », son rôle d'élément constituant d'une société nouvelle à base socialiste et englobant tous les consommateurs. Cependant, même dans ce cas, et malgré l'opinion de ces socialistes qui ne voyaient dans la coopération qu'un moyen et non un but en soi, un moyen de fortifier le prolétariat en vue de conquérir préalablement l'Etat, la coopération, même fermée, étroitement restreinte constitue tout de même une part affaiblie, mais une part de Société nouvelle.

Il est vrai, d'autre part, que la coopération non comprise en ses fins dernières pouvait être envisagée par des coopérateurs purs seulement comme un instrument de vie à bon marché et de régularisation des prix sans valeur de transformation sociale. Certaines classes dominantes pouvaient essayer de se servir de sa force économique pour assurer leur domination et leur exploitation, comme par exemple avec la caricature de coopération qui s'appelle économats. Bien mieux, certains partis politiques, certaines forces sociales, conservatrices ou autres, ont pu songer au moyen coopératif pour s'assurer des ressources financières ou simplement avoir un moyen de réclame et une force de propagande : mais avec ces déviations de la fin naturelle de la coopération, il n'en reste également pas moins vrai, que, comme M. Jourdain faisait de la prose sans le savoir, ces coopérateurs créaient les éléments de la République coopérative, c'est-à-dire les formes mêmes de la République sociale qu'ils ne voulaient pas d'ailleurs connaître et combattaient de toute leur âme.

La puissance créatrice de l'œuvre est en dehors de la volonté même de ceux qui la composent.

Les deux actions peuvent s'ignorer, elles peuvent se combattre dans la pensée de ceux qui sont militants des deux idées elles ne s'excluent point. Quand elles s'ignorent, elles convergent cependant vers un même idéal.

On peut essayer de les dévier de leurs rôles réciproques au profit de l'une et au détriment de l'autre. On ne parvient cependant pas à leur retirer totalement leur caractère, on ne fait qu'en diminuer l'importance, mais alors, République coopérative en formation aujourd'hui et République sociale en constitution seulement demain peuvent d'autant moins se gêner qu'elles se respecteront mutuellement dans une indépendance réciproque.

a) LA COOPÉRATION VUE DU POINT DE VUE DU SOCIALISME POLITIQUE. — Est-ce à dire toutefois que le socialisme politique ou la coopération économique ne peuvent, l'un et l'autre, dans leurs besoins séparés, puissamment s'aider par une action parallèle. Au point de vue de la société politique il n'y a aucun doute.

Jadis, une autre conclusion a pu apparaître à certains socialistes devenus de plus en plus rares. Pour eux, la coopération était inutile en soi ; on a même vu affirmer dans certains congrès du parti socialiste et au nom de la fameuse loi d'airain des salaires que si la coopération permettait la vie à meilleur marché de la classe ouvrière, le capitalisme en profiterait pour réduire davantage les conditions de vie du prolétariat. Mais, même en ce cas, l'action des Coopératives pouvait apparaître comme une action inopérante mais non néfaste. C'est tellement vrai, qu'alors, on acceptait la Coopérative pour d'autres raisons, comme une institution à recommander à la classe ouvrière et sans lui reconnaître une valeur socialiste propre.

D'autre part, les militants du parti socialiste politique, à des degrés divers, ont, peu à peu, admis la coopération jusqu'à lui reconnaître sa valeur de transformation sociale.

Les uns ont d'abord pensé que pour préparer la conquête de l'État par le prolétariat, il fallait organiser celui-ci sous toutes les formes possibles et alors la coopération se présente comme une forme de recrutement ou un moyen de propagande du parti de la classe ouvrière.

Puis, d'autres ont pensé que maître du pouvoir politique, le prolétariat pour accomplir sa révolution avait besoin d'hommes ayant l'habitude et l'expérience des affaires et des entreprises. La coopération leur est apparue alors comme devant leur fournir les cadres d'hommes chargés par le prolétariat d'organiser la Société future.

Enfin les socialistes ont pensé que la coopération élevait à la responsabilité et habituait à la gestion collective, sous forme démocratique, les masses profondes du prolétariat en même temps qu'elle élevait, contrairement à la loi des salaires, l'étalon de vie de la classe ouvrière. Dans cette pensée, la montée du niveau matériel et moral du prolétariat devient condition et facteur de la transformation sociale.

D'autres socialistes encore ont vu, sous une forme embryonnaire, dans la coopération, un « microscome » de la Société future et, sans peut-être croire à la totale venue de la République coopérative, ils voient dans ce mouvement une sorte de laboratoire du monde nouveau où tous les problèmes de la société nouvelle se présentent et où également s'élaborent les solutions véritables et pratiques ; de là à concevoir la coopération comme un moyen, un élément de la transformation sociale, il n'y a plus qu'un pas. Dans ces vingt dernières années, en fait, il a été franchi. Le Congrès du parti socialiste français (1910) comme le Congrès de l'Internationale ouvrière (1910) à Copenhague ont nettement marqué cette valeur de « transformation sociale » de la coopération, mais sans naturellement lui donner le rôle prépondérant dans l'avènement de la société nouvelle, la prise du pouvoir politique restant l'acte essentiel.

b) LA PRISE SOCIALISTE DU POUVOIR ET LA COOPÉRATION — D'autre part, du côté du coopératisme économique, n'est pas non plus indifférent que les pouvoirs de l'État soient entre les mains d'un Gouvernement favorable à la coopération, si la République coopérative se constitue d'elle-même, elle peut être singulièrement favorisée par la présence d'un État-gouvernement qui lui donnera pleine liberté d'action, la défendra et luttera contre ses adversaires.

La conquête des pouvoirs publics par la classe ouvrière, dont l'intérêt est le plus près de celui du consommateur, ne peut être pour la coopération que le point de départ vers un large essor. Si la prise du pouvoir politique n'est pas créatrice en soi du monde nouveau, la République coopérative pourra apparaître aux socialistes maîtres du gouvernement comme le véritable moyen économique de réaliser l'idéal socialiste et au plus tôt.

En deux mots, le concept social de la coopération est un concept socialiste différent du concept socialiste politique, mais sans opposition avec lui. Les deux reposent sur l'idée fondamentale de l'organisation et de l'action collective.

CHAPITRE III

LA RÉPUBLIQUE COOPÉRATIVE AU POINT DE VUE DES RAPPORTS JURIDIQUES, POLITIQUES ET MORAUX DE LA SOCIÉTÉ

La coopération, institution économique, influe sur les autres rapports sociaux.

Une société nouvelle apporte avec elle un ensemble de nouveaux concepts sociaux. Société économique, elle n'en entraîne pas moins des modifications et transformations de tous les autres rapports sociaux, elle apporte avec elle un revêtement nouveau du monde, elle doit nécessairement avoir son droit, sa constitution et sa morale. Les relations juridiques, politiques et morales peuvent acquérir une vie et une action propres, mais il n'en est pas moins vrai que l'épanouissement économique de la République coopérative a pour résultat de faire germer de nouvelles théories et d'établir de nouvelles relations sociales et qui lui correspondent dans tous les domaines.

Théories et relations peuvent avoir une évolution plus ou moins rapide, précédant même ou succédant de loin à la croissance des institutions économiques qui ont créé la République coopérative et dont elles sont les échos sur d'autres terrains; examinons donc par conséquent les conséquences juridiques, politiques et morales de la croissance de la République coopérative.

LE POINT DE VUE JURIDIQUE

« De la propriété privée à la
propriété sociale. »

A) Transformation juridiques : la coopération et le droit de propriété.

Le droit d'user et d'abuser d'une chose s'appelle la propriété individuelle, tout au moins, telle que la définit le Code civil.

La société économique actuelle repose au point de vue juridique sur la reconnaissance de ce droit; or, les thuriféraires du régime capitaliste affirment que ce droit est éternel et ils le déclarent sacré. Loin de nous l'idée de rechercher ici l'origine ou les raisons de justification du droit de propriété individuelle : force, occupation, travail, utilité sociale, mais il est tout de même bien possible de dire que c'est un droit historique qui ne se manifeste pas suivant les même formes, ni avec les mêmes attributs aux diverses époques, ni suivant les latitudes. Il a une figure spéciale suivant chaque régime économique auquel il s'applique; dans notre Société il est caractérisé par ce fait qu'il s'applique particulièrement à la propriété des instruments de travail, des moyens de production et d'échange, de même, qu'il est caractérisé dans une société reposant sur l'esclavage, par ce fait qu'il s'y applique à la personne humaine.

De là, une distinction également nécessaire, dans notre Société économique. Il y a d'une part la propriété individuelle des objets de consommation, de ce qui sert à manger, boire, dormir, s'habiller dont la caractéristique est d'abuser, car, en pareil cas, la propriété consiste à en user jusqu'à la destruction, et il y a d'autre part la propriété privée des instruments de production et d'échange qui consiste en vérité, sous le titre d'usage, dans un véritable monopole dans le droit de faire travailler et aussi de recueillir des profits ou revenus sans travail.

La propriété privée, c'est le régime juridique de l'organisation économique actuelle, c'est là ce qu'on appelle couramment la propriété tout court. Défenseurs ou détracteurs de ce régime peuvent opposer leurs louanges et leurs critiques, tel n'est pas pour nous le problème, mais bien de marquer ici les transformations que la République coopérative en formation y apporte.

a) La République coopérative a pour base la propriété privée des consommateurs. — Une Coopérative, en sa qualité d'entreprise, repose sur des souscriptions d'actions dont le minimum est de 25 francs et le maximum de 100 francs. Elle reste donc une propriété privée de chacun des coopérateurs qui la composent; sur ce point, rien n'est changé au système général existant et ce n'est pas par là que la coopération apporte une innovation.

Toutefois, le caractère de la propriété est spécial, elle ne constitue pas un monopole puisque, la Coopérative étant une société à personnel et capital variables à chaque moment, le nombre de ses propriétaires est différent. La propriété coopérative peut être acquise par tout le monde, elle est à la portée de chacun par la modicité même des actions, les facilités de l'opération qui permettent le versement seulement du dixième. On peut donc dire que, théoriquement, l'obtention du droit de propriété coopérative se réduit à rien ou presque rien.

De plus, à l'encontre de toutes les propriétés, même collectives qui s'acquièrent par l'intermédiaire des sociétés anonymes, la propriété du coopérateur ne varie pas de valeur, l'action est à prix fixe. Il est vrai qu'il y a l'époque de la liquidation, mais la Société est de 50 ou de 90 années d'existence en général et ce n'est qu'à ce moment-là où le problème pourrait se poser différemment. De plus, la clause de *dévolution* de l'actif net à des organisations similaires empêche de porter atteinte aux principes énoncés.

Enfin, l'action d'une Coopérative est, en tous les cas, une propriété mobilière et ne prend jamais le caractère d'un droit direct sur la chose ; l'ensemble des biens coopératifs reste à tout moment la propriété privée de chacun des membres de l'organisation et on peut dire que la République coopérative, complètement réalisée ferait de chaque consommateur un propriétaire, mais aussi de tous les propriétaires, des propriétaires ayant des droits égaux puisque chaque coopérateur n'a qu'une voix dans l'Assemblée de la Société, quel que soit le nombre des actions qu'il possède.

On ne peut imaginer une plus parfaite démocratisation de la propriété et naturellement des moyens de production et d'échange, si on admet l'hypothèse d'une République coopérative totalement réalisée. Aux bons apôtres qui prêchent la propriété individuelle et défendent en réalité le régime économique capitaliste, on ne peut vraiment présenter une plus parfaite réalisation de ce qu'ils prétendent être leur rêve ; bien mieux, la Coopérative réalise ce qui paraissait impossible. Elle rend à chacun la propriété individuelle des organismes économiques, qui par leur structure étaient collectifs. Dans la République coopérative complète, chacun ne serait-il pas à la fois consommateur et son propre producteur pour les besognes spéciales de sa profession ?

Ce n'est du reste pas le fait que l'industrie, l'agriculture, la banque ou le commerce de gros seraient propriété d'organisations juridiques distinctes des Sociétés de détail qui changerait en rien le problème, puisque chaque Coopérative est également propriétaire des Magasins de gros, proportionnellement au nombre de ses membres.

b) LA PROPRIÉTÉ COLLECTIVE INDIVISIBLE ET INALIÉNABLE DE LA COOPÉRATIVE. — D'un autre côté, la coopération apporte une autre forme de propriété et crée bien une propriété complètement différente de la propriété privée de chaque consommateur.

Nous avons vu que la plupart des Coopératives, guidées par l'instinct de la conservation, instruites par l'expérience, poussées par leurs tendances à l'extension indéfinie, ont prévu par des prélèvements statutaires la constitution de réserves. Il y a d'abord une réserve obligatoire, une réserve légale, mais presque jamais les coopératives ne s'en contentent. Elles créent des réserves, spéciales, extraordinaires, des fonds de développement et la sagesse l'esprit de prévoyance des coopérateurs se reconnaît à l'importance de ces sommes qui, prises sur les excédents, constituent le sacrifice du présent pour l'avenir, l'effort pour la persistance et la continuité de l'œuvre.

Nous avons vu d'autre part qu'à aucun moment, chaque coopérateur n'avait le droit individuellement de bénéficier de ces réserves. Si les sociétés, en tous lieux, n'ont pas d'abord appliqué cette règle, les faits les y ont peu à peu contraintes et aujourd'hui presque sans exception le coopérateur qui démissionne ou même qui fait transférer son action ne touche pas un centime de plus que ce qu'il a versé ; de même du reste, les nouveaux adhérents, quelle que soit la valeur économique de la Société par suite de ses réserves, n'ont pas à mettre dans la Société davantage que leurs devanciers.

La coopération dans cet ordre d'idée multiplie les précautions. Elle tend à pratiquer de plus en plus cette clause de dévolution dont nous avons déjà parlé, clause de dévolution qui consiste à prévoir qu'en cas de dissolution, liquidation anticipée, le surplus de l'actif, c'est-à-dire la valeur des réserves, va à une œuvre similaire et en tout cas n'est jamais réparti entre les actionnaires.

Cependant, que vont devenir alors toutes ces réserves ? En vérité, ces biens collectifs n'appartiennent à personne et à tout le monde, ils sont par excellence des biens *collectifs*, une propriété de l'œuvre provenant de l'épargne de tous. Par là, la Coopérative constitue une forme spéciale de propriété. La République coopérative crée une forme juridique nouvelle de la propriété. Cette propriété coopérative ne correspond à aucune autre, elle n'est pas totalement propriété sociale puisqu'elle reste à ceux qui composent le groupement privé qui s'appelle la Coopérative, mais il n'y a pas non plus propriété individuelle puisqu'elle échappe aux individualités du groupement.

Ce caractère original va de nouveau se retrouver mais sur une échelle encore plus étendue quand il s'agira du Magasin de gros des Coopératives.

D'abord, au point de vue juridique, le Magasin de gros des Coopératives a le singulier privilège ou le privilège particulier d'être une Société de Sociétés ; de ce point de vue trusts et cartels peuvent lui être comparés. Il n'en est pas moins une forme originale car à un moment donné, l'actif net du Magasin de gros peut représenter l'équivalent (ou même davantage) de toutes les réserves de chacune des Sociétés qui le composent.

Du reste, le Magasin de gros prévoit encore la formation de réserves plus fortes, de fonds de développement plus puissants que les Sociétés elles-mêmes. Sa propriété collective est du deuxième degré, c'est en vérité la propriété de l'ensemble des consommateurs coopérateurs et il a pour mission spécifique d'organiser la production pour la consommation.

c) La propriété privée du consommateur fait place à la propriété collective de la Société. — Ceci nous conduit à considérer les deux pôles entre lesquels semble s'orienter la coopération. Elle est tiraillée entre deux formes juridiques de propriété. La propriété privée du coopérateur apparaît comme le point de départ, la propriété collective de la Coopérative comme le point d'arrivée.

A ses débuts, la Coopérative n'a d'autre valeur que celle des actions de ses sociétaires. La propriété de leurs actions est l'élément dominant sinon exclusif ; mais à mesure des progrès, du développement, des années qui s'écoulent, des amortissements faits, des réserves constituées, le phénomène contraire se produit. Si on prend l'exemple des plus grandes Coopératives, des plus importantes, des plus prospères, on s'aperçoit que la part de propriété correspondant aux actions diminue proportionnellement à mesure que grandit la propriété collective des réserves : on peut imaginer que la République coopérative tend donc de plus en plus à absorber l'une des formes juridiques de la propriété coopérative au profit de l'autre. Ainsi donc, le Magasin de gros sera un jour une véritable propriété de l'ensemble des consommateurs, gérée par eux mais sans appartenir en propre à chacun ; de ce jour vraiment, la République coopérative aura réalisé des biens impersonnels, indivisibles, inaliénables. C'est une propriété sociale qui se sera instituée.

Si donc on peut imaginer qu'à ses débuts, le caractère de propriété privée pouvait jouer un rôle sur l'évolution de la coopération, il disparaît peu à peu et ainsi, la coopération présente une admirable évolution juridique du droit de propriété. D'une forme on passe à l'autre entièrement. La République coopérative, juridiquement comme économiquement se sert donc des relations sociales existantes pour en établir de nouvelles peu à peu.

LE POINT DE VUE POLITIQUE

A) Répercussion politique. Du gouvernement des hommes à l'administration des choses.

a) LES DEUX FONCTIONS DE L'ÉTAT. — α) *L'État de classe.* — État et Nation sont deux choses bien différentes ; l'État n'est que l'instrument politique de la Nation ; il a comme moyen d'action la force et la coercition. Pris, dans son sens général d'État pouvoir, d'État gouvernement, d'organe d'autorité, il n'a pas toujours existé avec les attributs qui lui sont propres aujourd'hui. Pour une très large part, maître dans une société où il existe des classes sociales, il est forcément pouvoir politique, le pouvoir organisé d'une classe. Telle fut du reste son histoire depuis le jour où, économiquement, la Société par les conditions de la production et de la consommation des richesses fut elle-même divisée en classes.

Dans leur livre sur l'origine de la propriété et de l'État, Marx et Engels disaient fort justement : « Afin que les classes antagonistes aux intérêts économiques opposés ne se consument pas, elles et la Société, en luttes stériles, une puissance dominant ostensiblement la

Société chargée d'apaiser le conflit ou de le maintenir est devenue nécessaire ; cette puissance issue de la Société et qui se place au-dessus d'elle et lui devient de plus en plus étrangère, c'est l'Etat, » Voici encore ce qu'en dit Vandervelde : « l'Etat étant né du besoin de réfréner les antagonismes de classes mais étant créé aussi au milieu de ces classes est en général l'Etat de la classe la plus puissante, de celle qui règne écomiquement et qui, au milieu de l'Etat, devient aussi classe prépondérante au point de vue politique. »

6) *L'Etat démocratique.* — Mais, si l'Etat n'a pas toujours été, s'il a son histoire, elle ne peut être arrêtée. Il se transforme continuellement et en vérité, deux grands faits contemporains en modifient partiellement et chaque jour davantage le caractère essentiel, caractère d'un instrument d'une classe au profit d'une classe et contre d'autres. Ces deux faits de plus en plus importants, c'est le rôle économique de l'Etat et c'est l'existence de plus en plus considérable d'une forme de son exercice qui s'appelle la démocratie. En fait, ces faits font évoluer la nature de l'Etat de classes.

1° Les fonctions économiques de l'Etat. — L'Etat depuis longtemps n'est plus seulement l'ensemble des institutions chargées d'assurer l'ordre à l'intérieur et à l'extérieur, fonctions qui se résument dans l'armée, et la police d'une part, la justice de l'autre. L'Etat se fait administrateur des choses publiques, et tend de plus en plus à en entreprendre la gestion de nouvelles. Son champ d'action devient multiple, ses interventions infinies, il légifère en tout et prétend organiser de plus en plus.

Mais son caractère d'Etat de classe influe sur ses méthodes d'organisation. Il n'est pas douteux qu'il pense avant tout à gouverner, même quand il pénètre dans la voie économique et sociale, et c'est au système de la force que naturellement va sa préférence. Enfin ces nouvelles fonctions (elles deviennent partout immenses) ne tardent pas à leur tour à avoir leur répercussion sur les anciennes.

Certes, de nombreuses écoles économiques ont protesté contre son ingérence en tous domaines, s'élèvent véhémentement contre l'Etat économique se faisant industriel, commerçant ou agriculteur. Mais malgré toutes les théories, malgré toutes les résistances, le fait est là, immense, patent, progressif : l'Etat n'est plus seulement gouvernement des hommes, il est administration des choses. Nous ne discutons pas ici si c'est un bien ou un mal, mais du point de vue économique, c'est un fait incontestable et voilà tout.

Malheureusement, ces fonctions ne sont point séparées, elles se mélangent et jusqu'alors, l'Etat, la plupart du temps, a pénétré ces organes d'administration de ses méthodes politiques. Au lieu d'organiser il a commandé ; au lieu d'être créateur il est coercitif. Aujourd'hui encore, l'ancien caractère l'anime et c'est du reste son rôle d'Etat de classe qui le maintient dans cette position.

2° L'avènement de la démocratie. — D'autre part, la manière d'exercer le pouvoir de l'Etat a simplement changé depuis un siècle surtout et particulièrement dans les pays où l'évolution de la civilisation est la plus rapide. Nous sommes très éloignés de l'époque où un homme pouvait dire : « l'Etat c'est moi ». Le grand phénomène politique de vingt siècles a été la force grandissante, l'avènement de la démocratie. La démocratie, c'est l'organisation du pouvoir politique confiée à des masses collectives de plus en plus étendues et le pouvoir exercé par la consultation de leur suffrage, par l'intermédiaire de mandataires agissant au nom de la majorité de ceux-ci. Le suffrage universel complet et le parlementarisme absolu en sont les derniers aboutissants.

Or, à mesure de l'intervention du suffrage universel et du développement du parlementarisme, qu'arrive-t-il? Ce ne sont pas seulement les représentants d'une classe comme avec le suffrage universel restreint ou le suffrage censitaire qui sont appelés à participer à la gestion de l'Etat, mais les hommes de toutes les classes de la Société ; c'est la remise du pouvoir à des Gouvernements qui n'ont d'autre autorité et d'autre possibilité de durer que la confiance qui leur est donnée par une majorité de députés. La démocratie donnera à ce pouvoir un caractère précaire et aussi variable que celui des combinaisons différentes qui peuvent précisément assurer une majorité dans une Assemblée.

Il en résulte donc que, même si le suffrage universel n'est pas encore total, si le régime parlementaire n'est pas complet, dans une certaine mesure et dans une mesure proportionnellement grandissante avec les progrès de l'un et de l'autre, les classes peuvent contre-balancer leur influence sur l'Etat et les conflits même secondaires des classes possédantes, de la classe dominante, peuvent permettre à la classe dominée d'agir et de se défendre, de réduire les forces de l'adversaire.

D'institution de classe, l'Etat, avec la démocratie, devient peu à peu Etat-tampon entre les classes ; mais alors son caractère se modifie singulièrement. D'une façon générale, il reste encore le pouvoir à la disposition d'une classe. Mais la classe dominée, la plus nombreuse, avec son éducation grandissante et sa part de contrôle, peut espérer un jour conquérir l'Etat, même si la classe dominante ne laisse pas à la démocratie la libre disposition d'elle-même et essaie par des manœuvres et des restrictions d'en retarder l'essor. Il faudra lutter, mais le résultat n'est nullement impossible à obtenir.

b) La COOPÉRATION ET L'ETAT. — Que deviendrait l'Etat dans une République coopérative complètement instaurée. Il est bien clair que la République coopérative ayant supprimé les classes sociales et ayant fait de chacun un consommateur et un producteur, tout le cortège des attributs et des fonctions qui constituent l'Etat, gouvernement des hommes, disparaîtra. Est-ce à dire qu'une partie des attributs, des fonctions de l'Etat actuel qui sont la conséquence de l'extension de son action dans le domaine économique n'aurait pas à subsister ? C'est certain. La question est de savoir s'ils devraient être exercés par la Nation elle-même qui ne serait plus agissante comme Etat de classe, ou confiés en gestion aux consommateurs associés dans l'organisation coopérative.

On peut affirmer, en tout cas, que la République coopérative créerait une forme spéciale d'organisation, reposant uniquement sur la gestion collective des choses et non sur la domination des hommes. L'Etat-pouvoir n'aurait plus lieu d'être.

Du reste, en attendant sa réalisation totale dans la mesure où elle se constitue peu à peu, la République coopérative, conduit dès maintenant à réduire l'importance des fonctions du Gouvernement et à vider l'Etat, peu à peu, de son contenu d'autorité et de coercition. Elle le fait, soit en se transférant à elle-même une partie des fonctions de l'Etat, mais en leur donnant un caractère spécial, soit que les idées mêmes qui président au fonctionnement et à l'organisation de la République coopérative s'adaptent à l'exercice des attributs de l'Etat et dans les limites mêmes de ses cadres.

Dans un cas, il s'agit du rôle de la coopération comme institution publique, dans l'autre, du problème de la coopératisation des services publics.

α) *La coopération, institution publique.* — Par exemple, la Coopérative apparaît comme l'institution-type de régularisation des prix et joue particulièrement ce rôle, en France, et d'autant plus facilement qu'elle ne vend pas seulement à ses sociétaires mais à tout le monde, au public.

Confinée à une association de consommateurs dont les avantages sont réservés à ceux qui la composent, elle est œuvre privée. Elle ne s'adresse qu'au contingent souvent restreint de ses adhérents, mais du jour où elle ouvre ses portes et que cependant elle offre cet avantage précieux de vendre au prix juste et même de rationner équitablement tous ceux qui se servent dans ses magasins de répartition, elle travaille pour le bien public. Elle est œuvre publique. Elle bénéficie à ceux-là mêmes qui l'ignorent, la dénigrent, la raillent, car elle oblige le commerce privé à vendre à ses prix. On a souvent dit avec raison que si la Coopérative vend au prix du commerce, c'est que le commerce privé se trouve obligé de vendre au prix de la Coopérative.

Dans une période de déséquilibre économique comme celui où la France et l'Europe vivent depuis que la paix est rétablie, les avantages de la Coopérative sont apparus encore avec beaucoup plus d'évidence en raison de la pénurie des marchandises et des bénéfices anormaux que s'attribuaient ceux qui avaient le véritable monopole de les posséder et de les vendre. Précisément en accomplissant cette besogne, la Coopérative se substitue à l'Etat. Chargé d'assurer l'ordre au nom de l'équilibre social l'Etat est fatalement amené à intervenir dans le domaine économique quand l'initiative privée est défaillante et qu'il y a lieu de ravitailler la population, d'organiser justement la répartition ou d'arrêter les agissements de ceux qu'on a appelés les mercantis et qui, par leurs spéculations, leurs agiotages sur le marché économique, sont, en ce sens, des facteurs de désordre social.

Aussi, l'Etat, en l'absence du mouvement coopératif, est obligé de multiplier les mesures, de faire des tentatives de toutes espèces pour mettre lui-même les marchandises à la disposition du public, pour contrôler les prix. Il taxe à tour de bras et réquisitionne moins souvent. Il poursuit quelquefois les délinquants qui ne vendent pas aux prix normaux. Ainsi, il reste dans sa tradition d'Etat-gendarme, mais tout de même il essaie d'organiser rationnellement la répartition. Quand il le fait, il ne peut que se servir de ses organes habituels, services administratifs, bureaucratie et comptabilité budgétaire et non commerciale et il remplit fort mal ces nouvelles besognes ou insuffisamment ; il leur donne toujours un caractère d'autorité, rarement il en vient (et seulement en s'adaptant les formes d'action du système coopératif) à des services autonomes débarrassés des ingérences politiques qui sont la conséquence logique de son caractère. Mais alors, s'il abandonne à la coopération une part de ses fonctions, s'il s'appuie sur elle pour agir, s'il l'aide dans son effort pour l'étendre, pour qu'elle devienne vraiment institution publique complète, une collaboration étroite s'accomplit entre l'Etat et la coopération, les Pouvoirs publics et les Coopératives.

Le résultat est avantageux pour la collectivité nationale car la coopération n'a qu'à rester elle-même pour faire bien, comme institution publique, ce que l'Etat ferait mal, comme puissance politique. Une collaboration mutuelle et excellente s'en suit. En ce cas, la coopération a retiré alors à l'Etat une de ses fonctions. Elle remplit son action, elle la fait sans tous les inconvénients d'une organisation du Gouvernement et avec les avantages d'une Administration des choses.

6) *La coopératisation des services publics.* — Mais, les idées coopératives qui reposent sur la souveraineté des consommateurs et la direction de l'économie par leur organisation et leurs représentants directs ne tardent pas à pénétrer les fonctions mêmes de l'Etat ; la coopératisation des services publics est aujourd'hui à l'ordre du jour, elle le sera de plus en plus en tous domaines, et surtout pour les besoins économiques que l'Etat a entrepris et entreprend. N'y a-t-il pas lieu de concevoir que les intéressés soient appelés en tant que tels, c'est-à-dire comme consommateurs, à la direction ou au contrôle des services publics de l'Etat, mais devenus peu à peu autonomes pour leur gestion et indépendants des organes purement de gouvernement qui restent l'apanage de l'Etat en tant qu'Etat.

L'autonomie des budgets, la responsabilité des fonctionnaires transforment la bureaucratie ; l'indépendance de gestion des services, la représentation de mandataires des consommateurs et aussi des travailleurs producteurs, la mise en régie du service, le contrôle du public par des ligues constituées dans ce but, telles sont les questions de l'heure et les premiers éléments de transformation de l'Etat vers la coopératisation des services publics. Ce sont les idées coopératives de self-administration qui remplacent les idées d'autorité, c'est l'ère de l'administration des choses qui s'annonce ; mais en vérité, cette influence coopérative ne se fera jour que comme un écho indirect de la force grandissante du mouvement coopératif lui-même qui, précisément, se place hors des classes et est, par là même, contre tout Etat de classe.

c) COOPÉRATION ET DÉMOCRATIE. — La montée de la démocratie avec la transformation interne : voilà qui conduit l'Etat à sa perte en tant qu'Etat; mais toutefois, peut-on prétendre qu'il y a simultanéité absolue entre coopératisme et démocratie. Nous avons vu dans la première partie de ce livre que les formes d'organisation de la démocratie correspondaient politiquement aux formes de gestion coopérative dans le domaine économique. Dans la Démocratie, c'est le citoyen qui est souverain, dans la Coopérative, c'est le consommateur. Certes, il y a dans l'une et dans l'autre le suffrage universel ; là, suffrage universel de l'homme en tant qu'être humain (en admettant que ce suffrage universel soit sans restriction et étendu aux deux sexes); ici, suffrage universel des consommateurs. Mais il n'a pas la même origine, il n'a pas non plus la même conséquence. Les mandatés seront élus à la majorité dans les deux cas, mais ils n'ont pas le même rôle, les uns gouvernent, les autres administrent ; tandis que les premiers n'ont en fait qu'à légiférer pour ceux qui les ont élus, les seconds dirigent pour tout le monde et au profit de tout le monde.

Dans un Parlement, si l'on décidait que tel enseignement sera établi, il s'appliquerait à tous ; dans une Coopérative, si la majorité ne veut que certains produits, on s'organisera cependant de façon à fournir tous les autres à ceux qui les désireraient. Au surplus, le contrôle même des mandataires est fort différent. L'Assemblée générale coopérative décide beaucoup plus souvent sur telle direction d'entreprise, qu'elle ne songe à révoquer ses administrateurs et à en nommer d'autres, ce qui précisément est au contraire la caractéristique de la démocratie parlementaire.

Un de nos amis me disait récemment : « Pourquoi n'a-t-on songé à préparer une constitution politique du pays qui serait en tous points conforme à la constitution d'une Coopérative ? » Evidemment, l'essai serait curieux ; mais si en vérité on n'y a point songé, c'est que la démocratie coopérative n'est pas la démocratie politique ou plutôt, coopération n'est pas démocratie, mais en a la plupart des formes. Est-ce à dire que la

Coopérative serait plus près, par son organisation, des formes politiques dont on a parlé beaucoup ces temps-ci et que la Russie a mis à la mode avec la dictature du prolétariat et le système des Soviets. Il n'y apparaît guère. La dictature du prolétariat dans la pensée même de ceux qui y croient ou la désirent ne peut être qu'une organisation transitoire et passagère. Elle relève encore du vieil arsenal de l'état de classe, avec cette seule différence que la classe dominée deviendrait la classe dominante. L'Etat resterait le pouvoir avec ses mêmes méthodes de coercition et de force et nous croyons, justement, que la transformation sociale d'ordre économique doit assurer l'organisation des choses, et non le gouvernement des hommes.

En ce qui concerne le régime constitutionnel des Soviets, c'est un système politique qui met à la base de la souveraineté, le travail ; mais nous aurions alors à faire les mêmes objections du même ordre que nous avions faites à la souveraineté du citoyen. Toute l'argumentation que nous avons tentée pour indiquer la nécessité économique d'une Société où la consommation organise la production montre l'inanité d'une transformation sociale qui reposerait uniquement sur la souveraineté des producteurs, fussent-ils uniquement les travailleurs. Et encore, nous prenons, nous, les travailleurs dans le sens du mot le plus large, c'est-à-dire sans distinction du travail manuel ou intellectuel, ce qui n'est pas toujours fait dans la pensée des défenseurs des diverses organisations soviétiques.

Ce qui est fort désirable, c'est que pour hâter la transformation de l'Etat, en tant que tel, les fonctions économiques, et particulièrement celles de consommation prennent le pas sur les fonctions politiques ; la politique, a-t-on dit justement, doit maintenant céder à l'économie. En attendant la totale République coopérative, une pénétration des forces économiques dans l'appareil de l'Etat, un Parlement ou une Chambre économique par exemple, faciliterait grandement l'évolution, fatale qui doit s'accomplir de l'Etat de classe à la République économique, du gouvernement des hommes à l'administration des choses.

LE POINT DE VUE MORAL

« La Coopération n'est pas
qu'une enseigne, c'est une étoile. »
CHARLES GIDE.

A) Problèmes moraux : Le consommateur et sa morale.

a) LA COOPÉRATION RÉALISATION DE LA SOLIDARITÉ. — Prétendre que la coopération détermine une morale, à elle, enseigne aux hommes une forme spéciale de se conduire, serait dénaturer notre pensée ; mais ce qui est certain, c'est que telle ou telle morale trouve ou ne trouve pas un « bouillon de culture » dans la création et le développement du mouvement coopératif.

C'est ainsi que l'on peut affirmer d'abord que la coopération est par excellence une pratique de la solidarité et que forcément la coopération constitue par là même un moyen de propagande en faveur de ce principe de morale.

Aujourd'hui, l'idée de la solidarité indispensable aux hommes, opposée à la lutte pour la vie entre les hommes, a recueilli le plus grand nombre d'adeptes bien qu'en fait elle soit loin de régler actuellement les rapports sociaux. La solidarité des classes est le leit motiv des professeurs de conservation sociale, c'est là la « tarte à la crème » de tous les discours officiels des représentants du Gouvernement et des défenseurs des grands intérêts privés. Ils appuient la nécessité de la pratiquer sur des raisons biologiques, sociologiques, juridiques et tout ce que l'on voudra, mais il ne suffit pas de préconiser la solidarité humaine comme des prêcheurs dans le désert, si elle ne correspond pas précisément aux faits. Or, la société économique dans son ensemble est divisée en classes et il ne suffit pas de crier par dessus les toits qu'elles sont abolies ; elles n'en existent pas moins.

La diffusion des idées de solidarité ne sert à rien et ne servira à rien tant qu'elle ne se réalisera pas. Or, précisément, tel est le cas avec la Coopération.

Dans une Société coopérative, chaque adhérent se sent solidaire de son voisin. Le bien de l'un est le bien de tous ; le coopérateur sait que seul il lui serait impossible d'obtenir les avantages que lui offre l'association des consommateurs, c'est la mise en commun de sa force de consommation qui, seule, accroît sa puissance d'achat.

On a dit que la division du travail constituait une excellente école de solidarité parce qu'elle apprenait aux hommes que leurs efforts isolés, fragmentés n'étaient rien sans l'effort des autres, mais il est encore plus exact que la coopération obtient le même résultat. Certes, ce n'est pas la solidarité dans l'effort de production, mais c'est la solidarité pour vivre mieux. En ce sens, on peut se demander si ce n'est pas la meilleure forme de la solidarité, celle qui apprend aux hommes la nécessité de s'entr'aider, de se soutenir, de ne faire qu'un précisément pour tirer de la vie de meilleurs résultats.

Mais la coopération est également école de solidarité parce qu'elle ne se limite pas à ceux qui composent les adhérents des coopératives. Ce n'est point une solidarité limitée, restreinte qui se constitue entre un groupe d'êtres humains en négligeant les autres ou à l'encontre de groupements différents.

La solidarité des castes ou des fractions, si utile qu'elle soit, se trouve souvent faite de l'opposition commune à d'autres collectivités. Dans la coopération, il n'en est nullement ainsi : chaque coopérateur est solidaire par avance de tout nouveau compagnon. Il a intérêt à voir grossir le nombre des adhérents puisque les avantages de la coopération seront d'autant plus grands que les membres seront plus nombreux et plus fidèles.

En vérité, la coopération offre un exemple curieux, presque unique de la synthèse de l'intérêt individuel et de l'intérêt collectif, de l'intérêt particulier et de l'intérêt général. Chaque individu voit dans son voisin un ami, un frère qui peut lui rendre service et l'effort de chacun ne pourra que multiplier les bienfaits de l'œuvre commune. En même temps, ce ne sont pas des intérêts égoïstes, même d'égoïsme collectif qui se font jour puisque l'intérêt de la coopérative se confond avec l'intérêt du consommateur et nous prétendons que l'intérêt du consommateur ne fait en dernière analyse qu'un avec l'intérêt social, l'intérêt général de la communauté.

b) Morale du consommateur et du producteur. — Il est peut-être bien des systèmes de morale mais en tout cas, il en est deux qui correspondent à deux points de vue économiques : on peut parler d'une morale du consommateur et d'une morale du producteur.

La morale du producteur est fort à la mode aujourd'hui, elle règne souvent dans les milieux de la conservation sociale, mais elle n'est pas sans adeptes, même parmi les partisans d'une transformation sociale. Elle consiste à idéaliser la production; le producteur, c'est le créateur, son acte ennoblit et grandit l'homme, lui confère une certaine dignité. Cette morale fait de chaque travailleur un être respectable par excellence et le travail devient la tâche sacrée, auguste, qui élève l'homme bien au-dessus de l'animal. En somme, elle se résume dans un panégyrique de l'effort par le travail. L'homme se libère par le travail des chaînes de la servitude, ici servitude sociale, là servitude envers la nature. Loin de nous de méconnaître cette face des choses, mais on peut les envisager sous divers angles.

La République coopérative met en valeur d'autres préoccupations morales. La consommation apparaît comme un acte matériel et au premier abord pour ainsi dire inférieur qui fait appel plus au besoin du ventre qu'à l'imagination. Mais la satisfaction des besoins peut n'être point la satisfaction des besoins seulement matériels.

D'autre part voir la production à travers le prisme d'une morale spéciale, c'est peut-être bien étrangement idéaliser la réalité. Même libéré de l'exploitation, l'acte de production n'a pour la plupart des hommes, ni l'attrait, ni la grandeur qu'on veut voir de loin. Le travail est rude, pénible, souvent musculaire ; l'évolution économique le rend mécanique, souvent sale, déformant physiquement. Même avec une meilleure organisation, ne restera-t-il pas en tant que travail nécessaire pour faire vivre la société, lui assurer un minimum de richesses pour la satisfaction des besoins les plus immédiats les plus indispensables, bien plutôt une peine qu'un plaisir ou une joie, au moins pour l'immense majorité de l'humanité ?

Et puis enfin, la production est-elle un but en soi. Est-ce le travail pour le travail ? l'effort pour l'effort ? comme il y a eu l'art pour l'art.

La République coopérative se donne pour but de satisfaire les besoins. Chercher le bien-être de l'humanité, aimer la vie n'est-ce pas après tout la plus profonde et la meilleure des morales ?

Ainsi, la morale de la consommation est près des morales antiques qui tendaient à enseigner à l'homme l'amour de la vie conformément à la nature.

De plus dans la République coopérative, le bonheur de chacun est fait du bonheur de tous, il ne s'agit donc point d'une morale égoïste. Et par là même, la satisfaction des besoins s'y trouve simplement limitée par les moyens dont on dispose pour les satisfaire, par l'état des forces productives, des inventions et du progrès technique.

Est-ce à dire que pareil principe moral n'est point capable de susciter des enthousiasmes, des dévouements, des générosités ; est-il éloigné de toute élévation de pensée, de toute perfectibilité de l'intelligence humaine et de tous sentiments épurés? Est-ce à dire que le travail doit être considéré sinon comme dégradant, au moins comme châtiment ? Ni l'un ni l'autre.

Le travail, celui qui n'est pas fait par plaisir mais pour vivre doit être considéré comme un devoir envers la société, c'est la charge sociale. Personne ne doit pouvoir s'y soustraire, il suffit qu'on rende l'accomplissement de ce devoir aussi facile que possible ; mais quelle erreur de comparer le travail de l'artiste ou du savant, cause des joies les plus pures avec les travaux forcés de l'humanité, nécessaires à tous pour que la civilisation continue.

Ne médisons pas de la morale du bonheur. La voir uniquement sous son aspect matériel ce serait n'en voir qu'une caricature odieuse ; la meilleure preuve nous la trouvons dans le mouvement coopératif que l'on peut ridiculiser, en le présentant comme inspiré par des sentiments de marchands de lentilles, de fabricants de saindoux ou de producteurs de haricots, or il n'y a pas beaucoup de mouvements humains qui aient suscité plus de désintéressements collectifs, de foi quasi religieuse ; qui a ses fidèles, quelquefois même ses apôtres et aussi ses sacrifiés.

c) LA FOI COOPÉRATIVE. — Qui pourra dire jamais les sacrifices et les dévouements que parmi les plus obscurs et les plus modestes de ses militants, la coopération, la foi coopérative, la croyance en son succès a suscités, fait naître et exaltés. S'il fallait retracer les histoires tantôt naïves et tantôt sublimes et si fréquemment répétées de ces militants de la coopération donnant leur temps, leur santé et leurs économies pour faire vivre « leur coopérative » il y faudrait des volumes. Il n'y a pas de Coopérative qui ne doive son existence à des dévouements, à des désintéressements. Centaines et centaines de milliers de prolétaires ont passé et passent des jours et des nuits, des semaines et des années à venir pour rien, exclusivement pour le bien commun, administrer la modeste Société coopérative, se faisant répartiteurs, comptables, tireurs de vin ou déchargeurs de caisses.

Rien ne les guidait ou plutôt une seule chose : l'idée.

Certes, les militants obscurs de la coopération ne se présentent point avec l'auréole du martyre des premiers chrétiens et cependant, leur histoire collective, toujours la même et si fréquente, peut s'inscrire avec honneur dans les pages les plus belles de l'humanité.

Il faut le dire, si les temps sont révolus, si l'évolution économique ne permet plus à une coopérative de vivre seulement de dévouements, si les coopératives arrivés à un certain degré de développement doivent remplacer la foi par l'organisation, le désintéressement par l'ordre, il y a une phase préhistorique de la coopération que personne n'a le droit d'oublier.

Combien de Sociétés coopératives puissantes doivent leurs premiers résultats à cette « foi » du coopérateur. Elles n'auraient pu résister aux fautes d'un début, aux attaques de ses ennemis, à l'insuffisance de ses dirigeants, à l'indifférence du client et à l'apathie du consommateur, si un noyau de coopérateurs ne se fût trouvé, ici pour consommer, les mauvaises marchandises résultat d'un marché malheureux, là pour se fournir à prix peu avantageux, ailleurs pour endosser des responsabilités financières. La coopération ne serait point ce qu'elle est, sans le dévouement de ses « fidèles ».

Ces faits sont patents, répétés. Il n'est peut-être point superflu de le rappeler aux néophytes et de le répandre chez ceux qui, ignorant la coopération, l'ont négligée ou même combattue.

Ainsi donc, il y a une « foi coopérative » et elle est le ressort moral de milliers de consommateurs fidèles à leur Société. Elle apparaît à certains moments et chez beaucoup comme ayant un véritable caractère religieux. Le culte de la coopération, la religion de la coopération, combien de ceux qui la pratiquent s'étonneraient si on cherchait à leur faire comprendre le caractère mystique de leur ardeur en faveur de l'idéal coopératif.

d) LA MORALE PRATIQUE DE LA COOPÉRATION. — Du reste, si certaines Sociétés coopératives peuvent n'envisager que le côté strictement matériel, si même certaines ne vont pas jusqu'à la conscience de la valeur de transformation sociale de la coopération, la plupart en tout cas (nous pourrions presque dire aujourd'hui la presque totalité) ont l'idée si bien ancrée d'une préoccupation morale qu'elles consacrent des sommes quelquefois importantes à ce qu'elles appellent les œuvres sociales.

Souvent les Coopératives, dans leur ardeur même, arrivent à confondre la nécessité de ces œuvres avec le but de la coopération elle-même. La prétention de vouloir accomplir une œuvre sociale leur fait croire que ce sont ces œuvres sociales qui font la coopération. certains sont même quelquefois arrivés à prétendre que sans ces œuvres, elle ne mériterait pas le nom de coopération.

α) *Les œuvres sociales.* — Nous ne méconnaissons pas la valeur des œuvres sociales. mais il ne faut tout de même pas dire que ce sont les œuvres sociales de la coopération qui en font une œuvre de transformation socialiste.

La coopération est socialiste par nature, puisque en tout cas elle élimine les revenus sans travail et constitue un embryon de la Société nouvelle en formation. C'est par son caractère économique qu'elle est un facteur de transformation sociale. Les œuvres sociales de la coopération n'ont rien à voir avec cela. Elles correspondent seulement à une préoccupation morale.

Les œuvres sociales de la coopération sont infiniment variables, mais qu'elles soient dirigées contre la tuberculose ou l'alcoolisme, qu'elles profitent aux seuls sociétaires ou à l'ensemble des consommateurs, qu'il s'agisse de fonds de solidarité, de prévoyance contre la maladie, le décès, pour la maternité, voire l'invalidité et la vieillesse, qu'il s'agisse de Maisons du peuple, de groupes théâtraux, sportifs ou autres, elles sont inspirées de la même préoccupation. Que l'on songe aux enfants, aux jeunes filles ou aux jeunes gens avec les cours d'enseignement de toutes sortes, que l'on veuille à tous procurer, par un concert, des plaisirs et des joies, peu importe; en tout cas, la coopération est, par là même, œuvre morale et c'est là même l'essence de ces œuvres dites sociales.

Coopération de plaisir et coopération de loisirs, pour se présenter sous des formes différentes, n'en sont pas moins le complément de la coopération économique. Inévitablement donc, elles se prêtent un appui mutuel; presque toujours, en effet, les œuvres sociales sont faites par des prélèvements statutaires sur les bénéfices ou plus exactement par une retenue sur les trop perçus.

Toutefois, le côté moral de la coopération ne doit pas s'arrêter là, il est encore une plus lourde tâche que la République coopérative se doit s'accomplir et les sociétés existantes s'engagent souvent dans cette voie, il s'agit de l'éducation du consommateur.

3) *L'éducation du consommateur.* — Il n'est pas de droits sans devoirs et les devoirs du consommateur dont, hélas! souvent aussi négligés que ses droits. Rien ne paraît, rien n'est fait ou presque en ce sens. Il faut d'abord apprendre aux consommateurs à savoir économiser leur force de consommation, il faut leur apprendre également à orienter leurs goûts, il faut leur apprendre la valeur nutritive des aliments, déraciner leurs préjugés et leurs erreurs innombrables. Quand on songe par exemple que l'on a pu et que l'on peut encore éloigner les consommateurs de la viande frigorifiée malgré son avantage économique, on se rend compte des immenses progrès à accomplir de ce point de vue et on pourrait ainsi répéter mille exemples, inévitables résultats de l'ignorance du consommateur.

L'économie domestique, l'économie générale du consommateur, voilà ce qui peut permettre de multiplier les richesses et ne point perdre tant de ressources à des besoins superflus quand les plus usuels ne sont pas satisfaits; voilà ce qui peut rendre la vie meilleure et plus heureuse. Certes, il ne s'agit point de les couler sur un moule uniforme, il ne s'agit même pas de contraindre le consommateur à s'abstenir de certains goûts et c'est pourquoi, par exemple, il nous serait impossible d'admettre qu'au nom du droit de la majorité on puisse obliger à supprimer l'alcool et le tabac, même si tous les efforts d'éducation du consommateur, mais seulement d'éducation, devaient un jour y conduire chacun. Mais il est au moins nécessaire de lutter contre l'abus de ces produits.

En tout cas, faire rendre le maximum de satisfaction aux richesses que nous pouvons avoir, tel est le point de départ de l'éducation du consommateur.

Les besoins humains sont infinis dans leur variété et les moyens de les satisfaire se multiplient et se différencient avec l'évolution humaine ; mais toujours, les forces dont on dispose, les degrés de perfectionnement de ces forces productives sont limités constamment, étant avant tout fonction de l'état des inventions, de la perfection de la technique et de l'organisation du travail. C'est pourquoi si la République coopérative prétend assurer le bien-être à tous, si la morale qui lui convient est dans la recherche du bonheur, le bien-être ne peut être réalisé que dans l'accroissement de la richesse. L'effort, sans cesse, doit se porter en ce sens et le bonheur ne peut être obtenu que si chacun ne demande à la Société que ce qu'elle peut donner dans un état déterminé de civilisation et de réalisation possible.

Il faut donc à la fois vouloir le progrès infini et réclamer de l'homme qu'il sache, pour être heureux, appliquer la vieille maxime : « Savoir se contenter de son sort. »

TROISIÈME PARTIE

LES ATTACHES IDÉOLOGIQUES

> « Je crois que ce qui est con-
> tient le résumé de ce qui fut
> dont il est le tombeau, et le
> germe de ce qui sera dont il
> est le berceau. »
>
> ENFANTIN.

LES ATTACHES DE LA COOPÉRATION

Sans avoir la prétention de rechercher dans l'histoire des idées économiques toutes les origines de la doctrine coopérative, nous essaierons de préciser les rapports entre les idées coopératives et quelques courants d'idées qui, à première vue, semblent davantage s'en rapprocher.

Nous marquerons très rapidement :

1° Que la doctrine économique des associationistes a constitué une sorte de prophétie de la coopération, mais ne l'a connue que sous une forme utopique.

2° Qu'une certaine interprétation du marxisme, cette doctrine économique du socialisme moderne, n'a rien d'incompatible avec la doctrine coopérative.

3° Que la doctrine syndicaliste est sœur jumelle de la doctrine coopérative.

CHAPITRE PREMIER

LE SOCIALISME ASSOCIATIONISTE
OU L'UTOPIE COOPÉRATIVE

Au cours du dix-neuvième siècle, une école socialiste s'est constituée qui fut appelée « associationiste ». Son influence a été considérable et sur les idées et sur les faits ; elle a eu pour apôtres Robert Owen et Fourier ; comme protagonistes Louis Blanc, Cabet, Pierre Leroux, Victor Considérant ; les deux premiers surtout ont joué un rôle prépondérant.

Fait curieux, le premier, Anglais, le deuxième, Français ont élaboré leurs conceptions, souvent rapprochables, sans se connaître ; ils ont ébauché quasi spontanément une même doctrine, ils se sont précisément rencontrés sur des bases qui, pour certaines idées, ont été reprises par le mouvement coopératif.

Quelle était donc l'essentiel de leur conception ?

A) Principes essentiels de l'associationisme.

A l'individualisme économique de la Société présente ils ont opposé l'idée d'association. Ainsi ils se sont différenciés des économistes de leur temps et particulièrement des économistes classiques. Ceux-ci avaient proclamé que l'intérêt personnel, la libre concurrence étaient les seuls facteurs possibles d'une Société économique et que du reste ces facteurs étaient immuables et éternels. A l'encontre de ces opinions, les associationistes ont dénoncé l'intérêt personnel, en montrant qu'il ne constitue pas le seul mobile et sa satisfaction le seul but à chercher de l'action économique. Ils ont fait valoir qu'il aboutissait simplement au profit, ils ont montré toutes les tares de la libre concurrence qui n'est nullement le triomphe des meilleurs, mais simplement des mieux adaptés au milieu dont le ressort est la course au bénéfice et le résultat : des revenus sans travail.

Mais les associationistes se sont également différenciés des collectivistes ou communistes ; car pour les associationistes, la solution des problèmes sociaux était avant tout d'ordre économique et non d'ordre politique.

Pour l'école Saint-Simonienne comme pour les communistes du Manifeste de 1848, il fallait agir sur l'ensemble de la Société soit par des nationalisations économiques, soit par la prise du pouvoir politique.

Les associationistes ont prétendu au contraire immédiatement constituer sur une petite échelle la Société nouvelle par la création de milieux économiques ou sociaux dus à la volonté des hommes et dont l'évolution assurerait un monde nouveau, un nouvel âge d'or.

B) Associationisme n'est pas coopératisme.

Loin de nous la pensée de diminuer l'effort d'imagination des associationistes et la valeur de leur création idéologique ; cependant, on a répété et on répète encore à satiété qu'ils ont été (Owen et Fourier en particulier) les pères intellectuels de la coopération ; or, cela nous paraît assez peu exact. D'abord, ils n'ont pas connu la coopération, la coopération de consommation, telle qu'elle s'est développée à travers le monde pendant le demi-siècle qui a suivi. Ils l'ont ignorée et il n'est même pas sûr qu'ils ne l'aient pas méconnue.

Fourier n'a jamais eu connaissance des Sociétés de consommation ; elles n'apparaissent nulle part dans ses écrits. Quant à Robert Owen, quoique quelques-uns de ses disciples aient participé à la fondation en Angleterre des premières Coopératives de consommation et que ce soit un Oweniste, Howarth, qui ait songé à la répartition au prorata des achats, critère d'une Société de consommation, il est passé à côté, à peu près sans les apercevoir et, en tout cas, sans les recommander.

Certes, le phalanstère de Fourier peut apparaître à première vue comme une Société coopérative, mais il n'y a là qu'une simple apparence. Aucune des règles qui constituent l'essence même, aujourd'hui, des innombrables Sociétés de consommation ne s'y retrouve, pas plus la ristourne que l'égalité des sociétaires, pas plus l'idée de la vente au prix juste que l'idée des réserves indivisibles.

Le communisme de Robert Owen n'est pas davantage imprégné de la doctrine de la coopération moderne ni dans sa banque d'échange ni dans ses colonies de communistes. Il préconise bien dans sa banque d'échange le principe de la répartition à chacun selon ses besoins, mais en fait il a essayé de réaliser, par ses échanges et son système de troc, une Société reposant sur le travail et le travail seul. Quant à ses colonies communistes, elles s'appuient avec l'échange des services plus ou moins équivalents sur une harmonie familiale beaucoup plus que dans une règle inspirée de principes économiques.

C) Les points de rapprochement.

Ce que la doctrine coopérative a de commun, et ce qui peut la rapprocher des idées essentielles des socialistes associationistes, peut se ramener à quelques points.

La République coopérative constitue une solution totale, au moins économiquement, de la question sociale ; elle forme une Société nouvelle où les fonctions

consommation et production sont liées et associées de
même que les associationistes, particulièrement Owen et
Fourier, l'un dans son phalanstère, l'autre dans ses colonies communistes ou ses banques d'échange, prétendent
également ou entendent organiser une Société complète et nouvelle. Mais il y a une très grande différence
entre les deux conceptions. La République coopérative,
c'est une grande association NATIONALE ou tout au
moins les Coopératives tendent, peu à peu et naturelle
ment, à ce but, tandis que l'idéal des associationistes
semble vouloir se résumer en une multitude de *petites
associations* qui forme chacune, un tout se suffisant à
lui-même.

En second lieu, socialistes associationistes et coopé-
ratistes entendent réaliser leur idéal par la création d'un
milieu nouveau, d'un milieu prenant naissance et se
développant dans les cadres mêmes de la Société
actuelle; mais pour les socialistes associationistes,
quel est ce milieu ? un produit de l'imagination, une
construction à priori, une recette sociale alors que la
coopération de consommation repose sur des règles
d'organisation qui ne sont pas une construction de
l'esprit, mais le résultat d'une expérience déjà prolongée.

Enfin, et c'est évidemment ce qu'il y a de plus com-
parable entre les deux doctrines, elles reposent toutes
deux sur l'idée de l'association, sur l'idée du *groupement
volontaire*. Il est vrai que pour l'associationiste cette
idée est   tielle, pour la République coopérative,
elle l'est beaucoup moins (1).

On peut justement dire que le vingtième siècle est
celui de l'association en toutes matières et non pas
seulement au point de vue économique. La coopération de consommation partage, avec beaucoup d'autres
institutions, cette parenté avec l'associationisme.
Mais ce n'est pas aux associationistes que la coopération de consommation a pris ses traits caractéristiques.

On peut dire enfin que les deux doctrines poursuivent

____

(1) La coopération de consommation est du reste *beaucoup moins*
près de cette idée que les Coopératives de production.

un même but identique, la disparition du profit, mais si on entre dans l'examen des idées des principaux associationistes, il ne semble pas qu'il y ait derrière ce mot exactement les mêmes choses que ce que les coopérateurs de consommation y mettent. Fourier laisse dans son phalanstère une part au capital et par conséquent il ne supprime pas tous les revenus sans travail. Owen tendait par ses bons de travail et la suppression de la monnaie à la disparition de tous les intermédiaires, mais il se plaçait au point de vue du droit du travailleur au produit intégral de son travail.

Pas plus chez lui que chez les autres disciples ne se trouve préconisé le moyen véritable de supprimer le profit, c'est-à-dire l'organisation de la consommation par la production, ce qui est justement la base de la doctrine coopérative.

Ainsi donc, toutes les règles de vie de la coopération de consommation ont échappé aux associationistes, ils ont eu seulement la vision utopique d'une Société économique nouvelle reposant sur un principe nouveau mais ils n'ont vu ni préconisé la coopération de consommation telle qu'elle existe.

CHAPITRE II

LE MARXISME N'A RIEN D'INCOMPATIBLE AVEC LA COOPÉRATION

On appelle marxisme cette doctrine économique qui est contenue dans les livres du grand philosophe allemand Karl Marx ; mais on appelle également marxisme la tactique politique ou la politique tout court qu'il a préconisée et est devenue le programme d'action de la plupart des partis socialistes du monde entier ; il est vrai que les interprétations de ces derniers ont été souvent diverses, variant suivant les disciples et suivant également les organisations ouvrières qui les ont adoptées. Pourtant entre la doctrine et la tactique, une différence essentielle apparaît ; la première relève de la science économique, la seconde des opinions politiques ; certes la deuxième est une conséquence, une déduction plus ou moins rigoureuse de la première, mais l'une peut être vraie sans que l'autre le soit et réciproquement. A quelles idées essentielles se ramène, l'ensemble de la doctrine marxiste ?

A) L'essentiel du marxisme.

1° Le marxisme a donné une interprétation, une explication des phénomènes de l'histoire, c'est le fameux « matérialisme » historique ou comme on l'a plus exactement appelé, le *déterminisme économique de l'histoire*. D'après lui, les transformations humaines sont déterminées par des changements dans les conditions économiques de la production, fonctions elles-mêmes du degré de perfectionnement de la technique. Ces conditions séparent les hommes d'après leur position dans le procès de production et les classes sociales étant ainsi déterminées, leur lutte conditionne tous les autres rapports humains, rapports juridiques, moraux, etc. L'histoire humaine a été faite jusqu'à ce jour de l'histoire des classes sociales.

2° Le marxisme est encore autre chose. Il est, dans son principal livre *le capital*, une analyse complète de la structure économique de la Société actuelle, du régime capitaliste ; pour lui, le ressort de la vie et de l'évolution économique est dans la *plus value*, c'est-à-dire dans l'exploitation de la force de travail qui est achetée aux salariés par les détenteurs des moyens de production comme une autre marchandise, mais qui a le pouvoir de donner à l'usage plus de valeurs qu'elle n'en a coûté.

Résumer ainsi le marxisme n'est sans doute donner qu'un très faible aperçu, d'une doctrine qui est à la fois une philosophie de l'histoire et une explication complète de la société économique, de tous ses phénomènes et de leur évolution.

B) Aucune incomptabilité avec le coopératisme.

Quoi qu'il en soit, il est incontestable qu'il n'y a absolument rien d'incompatible entre les deux thèses fondamentales du marxime et les idées qui surgissent de l'étude du mouvement coopératif et de la République coopérative en formation. Bien au contraire.

Au cours de ces pages, nous nous sommes du reste constamment inspirés de la conception du déterminisme économique pour situer la coopération, sa place et son influence dans l'ensemble de la Société. Nous avons même essayé de la justifier en indiquant l'ensemble de concepts sociaux qu'entraîne la nouvelle société économique en devenir; il est vrai que nous n'avons pas eu à critiquer ou du reste à justifier les différentes explications marxistes, les analyses de la société économique même.

Le marxisme a la prétention d'être une analyse, une explication de la Société capitaliste actuelle. Or, la République coopérative constitue une Société économique nouvelle à l'intérieur de l'organisation économique présente.

Nous nous sommes efforcés de déterminer ses lois organiques aussi bien que les lois de son mouvement et naturellement, celles-là n'avaient rien de commun avec celles du régime capitaliste présent.

En cela du reste, nous sommes restés fidèles au marxisme lui-même, qui déclare que toute transformation sociale apporte avec elle son cortège de rapports économiques, politiques, moraux, etc., ses lois et ses fonctions propres.

Si la République coopérative repose sur l'organisation de la production par la consommation, si avec elle la lutte de classes disparaît, si nous passons d'un régime de contrainte à un régime de liberté, cela n'a rien de contradictoire avec le marxisme, puisque précisément ses doctrinaires, s'appuyant non plus sur la doctrine scientifique mais sur les conclusions de tactique qu'ils entendent en tirer, aboutissent à des conditions à peu près semblables et à l'éventualité d'une Société où les hommes (donc les consommateurs) seraient maîtres de leurs moyens de production, aboliraient les classes et deviendraient maîtres de leur destinée.

Mais, y a-t-il une différence pour le surplus entre la tactique des marxistes et les hypothèses de la République coopérative; le marxisme entend démontrer que la Société capitaliste sera son propre fossoyeur. Voici du reste la thèse contenue dans le manifeste communiste :

« La propriété privée, acquise par le travail personnel et basée, pour ainsi dire, sur l'union de l'individu, indépendant et isolé, avec les conditions de son travail particulier, a été supplantée par la propriété privée capitaliste, basée sur l'exploitation du travail d'autrui. »

« Grâce à la concentration continue des moyens de production dans les grandes industries, un capital en tue beaucoup d'autres; mais en même temps, dans le domaine du grand capital privé, se développent, également et simultanément, la forme coopérative du travail sur une échelle toujours croissante, l'application de la science à la technique, l'exploitation de la terre avec méthode et ensemble, la transformation des moyens privés de travail en moyens de travail qui ne peuvent plus être employés que socialement, l'entrelacement de tous les peuples dans le réseau du marché universel.

« Mais, à mesure que diminue le nombre des potentats du capital qui usurpent et monopolisent tous les avantages de cette période d'évolution sociale, s'accroît la misère, l'oppression, l'esclavage, la dégradation, l'exploitation, mais aussi la résistance de la classe ouvrière, sans cesse grossissante et de plus en plus disciplinée, *unie et organisée*, par le mécanisme même de la production capitaliste.

« Le monopole du capital devient une entrave pour le mode de production qui a grandi et prospéré avec lui et sous ses auspices. La socialisation du travail et la centralisation de ses ressorts matériels arrivent à un point où elles ne peuvent plus tenir dans leur enveloppe capitaliste. Cette enveloppe se brise en éclats. L'heure de la propriété capitaliste a sonné. Les expropriateurs sont à leur tour expropriés. »

Or, de cette thèse, quelles sont les conclusions d'ordre politique, conclusions qui du reste ne se trouvent pas dans le texte de Marx?

Il suffit pour faire la transformation sociale, disent les disciples, que la classe ouvrière prenne d'un bloc le pouvoir politique et par une mesure d'ordre juridique exproprie les expropriateurs.

À vrai dire, à la lecture du texte ci-dessus, il semblerait que ce soient les rouages économiques pour ainsi dire, sans l'intervention des hommes et par leur propre action, qui aboutiraient à déterminer la transformation sociale.

On semblerait entendre les plus purs disciples classiques de l'économie politique parlant des lois naturelles.

Il est vrai que les commentateurs insistent fortement sur la phrase où il est parlé de la « misère, de l'oppression, l'esclavage, la dégradation, l'exploitation, mais aussi la résistance de la classe ouvrière sans cesse grandissante et de plus en plus disciplinée, unie et organisée par le mécanisme même de la production capitaliste ».

Ce que l'on peut dire beaucoup plus exactement, c'est que le marxisme décrit la détresse de la Société actuelle, la nécessité de sa disparition, mais il ne parle pas des moyens de la remplacer.

A cela, il a du reste la meilleure des raisons. A l'époque où Marx écrivait le Manifeste communiste, et même écrivait *le Capital*, n'existaient pas encore les organes de substitution de la Société capitaliste même sous une forme embryonnaire. La coopération n'était pas encore née.

Il a décrit ce qui était devant lui, il ne pouvait devancer son temps; plus justement, pourrait-on prétendre que la doctrine coopérative peut s'appuyer sur la critique du régime capitaliste telle que Marx l'a faite, mais l'analyse du processus destruction de la société actuelle ne suffit pas pour l'étude du processus d'édification de la Société nouvelle.

Nous avons donc le droit de dire : pas d'incompatibilité entre les théories historiques ou économiques du marxisme et les théories coopératives ; le coopératisme peut apparaître comme un complément du marxisme exposant non plus la nécessité de la disparition du régime capitaliste mais les conditions d'existence et de développement de la Société nouvelle, de la République coopérative.

CHAPITRE III

LA DOCTRINE SYNDICALISTE
EST SŒUR JUMELLE DE LA COOPÉRATION

A) Le concept syndicaliste.

Le syndicalisme n'est pas seulement l'ensemble des idées qui résultent de l'action corporative des travailleurs. Il est surtout une doctrine qui tend à faire reposer sur l'organisation syndicale un système économique nouveau. Il est d'esprit socialiste en ce sens que, comme le socialisme politique ou le coopératisme économique, il tend à abolir la propriété privée des moyens de production et d'échange, ainsi qu'il le déclare dans sa charte fondamentale votée en 1906 à Amiens au Congrès de la Confédération Générale du Travail : « Représentation de tous les syndicats ouvriers, il entend poursuivre la suppression du patronat et du salariat. »

Puisque nous venons de parler de marxisme, nous pouvons ajouter qu'il en est une école dissidente, car c'est en réalité de la critique faite par Marx de la Société capitaliste et de la constatation des luttes de classes qu'il tire toutes ses justifiations et toutes ces hypothèses. Pour lui, la Société nouvelle ne peut sortir que de la lutte et de la lutte des classes en présence.

Il faut donc exalter tout ce qui peut aboutir à donner

à la classe prolétarienne conscience de ses intérêts et de leur opposition fondamentale avec les intérêts des classes dominantes de la Société actuelle ; c'est seulement ainsi que le prolétariat travaillera au mieux à abréger le temps d'accouchement du monde nouveau.

Du reste, ce n'est pas seulement au service de la classe ouvrière que s'exercera son action : la mission historique qui lui est échue est de travailler en même temps à porter le monde à un stade plus élevé de civilisation et de production accrue.

Son action s'exerce donc au profit de l'intérêt général. Par exemple, quand l'action de classe des syndicats conduit à la réduction des heures de travail, elle ne sert pas seulement l'intérêt des syndiqués. Elle ne réalise pas seulement pour la Société le progrès humain, en ce sens qu'elle ferait correspondre l'effort du travailleur à l'exercice normal de ses facultés, mais elle oblige aussi le patronat, aujourd'hui responsable du développement de la puissance des forces productives, à chercher la compensation de frais généraux plus élevés dans les inventions nouvelles, dans un rendement meilleur, dans l'amélioration de la technique.

Aussi, au lieu de se complaire dans la routine et de songer à obtenir des bénéfices par l'emploi d'une main-d'œuvre à bon marché et exploitée, les industriels sont poussés au progrès économique par le jeu même de la lutte des classes.

Mais le syndicaliste pousse plus loin sa pensée. Dans sa revendication vers le produit intégral du travail au profit du travailleur, il ne peut s'arrêter ; il doit aller jusqu'à la reprise totale par le travail des revenus sans travail du capitalisme, il doit aboutir logiquement et aboutit en effet à l'idée de la mainmise des travailleurs sur leurs instruments de travail, c'est le syndicalisme alors s'emparant de la production et gérant la Société économique.

Les syndicalistes, tout au moins les doctrinaires et les chefs, se sont du reste bien gardés de vouloir demander que chaque atelier appartienne aux seuls travailleurs de cet atelier. Ils ont nettement indiqué qu'une Société composée de ces milliers d'ateliers autonomes n'aboutirait qu'à une lutte de concurrence sans merci. Ils ont dénoncé aussi bien la mine aux mineurs que l'imprimerie aux typographes.

Cet atelier libre qui serait organisé par les producteurs et dépendrait de ceux qui le composeraient, serait dans leur pensée, un atelier social, propriété de la collectivité générale, mais dont seulement la gestion et la responsabilité seraient confiées à ceux qui y accompliraient leur tâche quotidienne.

En vérité, le concept social du syndicaliste aboutit à une Société économique de producteurs dirigée, conduite et gérée par eux et par eux exclusivement.

B) Principes communs.

Il semblerait à première vue que ces concepts soient précisément à l'antipode des conséquences de la République coopérative. Celle-ci, tout au contraire, entend reposer sur l'organisation des consommateurs. Mais cependant, syndicalisme et coopératisme ont de singuliers liens de parenté, tous les deux ont la prétention d'apporter une solution aux problèmes sociaux et tous les deux imaginent créer une Société nouvelle où les instruments de production et d'échange seront propriété collective. Ils constituent, du reste, une solution d'ordre économique opposée aux solutions politiques. Ils ne pensent pas que la réalisation de leur idéal puisse surgir tout à coup de l'effet d'une mainmise sur l'Etat. Ils ne croient pas à la puissance créatrice des décrets et des lois pour établir le régime nouveau. Ils pensent tous deux, au contraire, que leur action est dès maintenant transformatrice et créatrice de la Société nouvelle en gestation dont ils établissent les règles de fonctionnement et d'existence par le jeu même de leur action. Ils entendent dès maintenant bâtir le monde nouveau sans attendre le mythe d'un grand soir ni la venue de cet avènement social qui consisterait en la mainmise sur le pouvoir politique.

Ils prétendent, tous deux, être constructifs et peu à peu réduire, à mesure du développement de leur mouvement, la force de résistance du régime capitaliste qu'ils entendent supplanter à proportion de leur développement.

Ils ne sont donc pas fatalistes ni catastrophiques, mais au contraire positifs. L'un et l'autre s'accommodent de l'interprétation économique de l'histoire et de l'analyse critique du régime capitaliste reposant sur la plus-value. Ils affirment, d'un commun accord, qu'une Société économique en formation doit apporter avec elle les principes et moyens de substitution à la Société actuelle en même temps qu'un ensemble de concepts et de rapports sociaux nouveaux.

C) Différences.

Il est vrai que la doctrine syndicaliste entend réaliser son idéal par la suppression du salariat et que la doctrine coopérative entend le réaliser par la suppression du profit.

Il est vrai qu'une Société de consommation et une Société de production n'ont pas à s'inspirer de la même morale ni de la même direction économique, ici le besoin, là le travail.

Mais elles n'en sont pas moins « sœurs jumelles » dans leur critique commune de la Société actuelle, dans leurs méthodes et également dans leur opposition aux méthodes et aux autres solutions sociales qui sont en face d'elles. En fait, elles se placent au même point de vue.

Ce qui les sépare est devant elles : l'expérience et l'avenir apprendra seulement laquelle est dans l'erreur ; ou dans quelle mesure l'une et l'autre trouveront, dans la complexité de la vie sociale, une confirmation plus ou moins étendue de leurs vues théoriques.

QUATRIÈME PARTIE

LES LIMITES A LA RÉALISATION

> « Le syndicalisme se suffit à
> lui-même...
> « Congrès de la C. G. T.,
> Amiens 1906. »
>
> Nous disons : « la République
> coopérative se suffit à elle-
> même, mais ne suffit pas à
> tout. »

Y A-T-IL DES LIMITES A SA RÉALISATION

Nous avons vu que la République coopérative en formation contient en elle une force d'expansion indéfinie, de telle sorte qu'elle a la prétention, ou peut avoir l'espoir, de résorber en elle toutes les activités et toutes les fonctions économiques de la société.

Elle crée un nouveau milieu social qui, dans les cadres mêmes du milieu actuel, tend à l'élimination définitive de ce dernier.

Toutefois, il n'y a pas dans une société que des rapports économiques. La République coopérative peut-elle prétendre constituer toutes les institutions morales, politiques et sociales d'après sa propre image et absorber en elle toutes les autres fonctions de la Société?

De plus, si la coopération a ses lois propres, il peut y avoir à côté d'elle d'autres institutions ayant un rôle spécial et également leurs règles de vie. Elles viennent contrecarrer ou modifier son développement, peut-être quelquefois le compléter, enfin d'autres facteurs, des forces différentes, peuvent être en lutte ou tout au moins en compétition avec elle.

C'est dans ces conditions que, sans retirer à la République coopérative son éventualité totale, il y a lieu de rechercher les limites possibles à sa réalisation.

En résumé, la République coopérative porte en elle une Société nouvelle, mais elle n'est pas seule au monde, il lui faudra tenir compte de tous les facteurs.

Elle se suffit à elle-même, mais elle ne suffit point à tout.

Nous allons donc examiner :

1° La coopération économique, et les autres fonctions sociales ;

2° L'organisation du travail dans la République coopérative ;

3° Les conditions d'existence économiques, politiques et morales de la coopération :

a) *Les conditions économiques* : l'économie familiale, les municipalisations, les monopoles et la nationalisation ;

b) *Les conditions politiques* : les libertés politiques nécessaires à la coopération ;

c) *Les conditions sociales* : catégories de consommateurs ou de produits inaccessibles à la coopération.

4° La République coopérative et les sociétés coopératives actuelles.

CHAPITRE PREMIER

LA COOPÉRATION ÉCONOMIQUE
ET LES AUTRES FONCTIONS SOCIALES

La coopération est d'ordre économique; dans une République coopérative totale, les problèmes économiques seront résolus selon les règles coopératives; mais que deviendront les autres fonctions sociales. Parmi celles-ci, il en est qui aujourd'hui relèvent du domaine politique, deviendront-elles un service coopératif au sens propre du mot ou, au contraire, faut-il les envisager à part et comme devant avoir leur vie particulière.

A) Le droit social.

Nous avons montré dans un chapitre précédent, à propos des conséquences politiques de la République coopérative, que sa réalisation totale transformait singulièrement les fonctions de l'État et aboutissait à remplacer le Gouvernement des hommes par l'Administration des choses. Mais d'abord, pendant une très longue période et pendant le temps où la République coopérative se fondera, il restera encore un certain nombre de fonctions gouvernementales.

Bien mieux, si l'on peut concevoir la disparition de l'État en tant qu'État, il n'en reste pas moins vrai qu'on peut légitimement se poser la question de savoir si, à côté, à part, et peut-être au-dessus du droit économique du consommateur, il n'y a pas un droit social, un droit plus général, où l'homme doit être envisagé comme membre de la Société sans plus et abstraction faite de son point de vue économique.

A côté de la souveraineté des consommateurs, n'y a-t-il pas un droit social qui peut se manifester sous différentes formes et dont l'exercice peut même avoir des répercussions sur la vie économique elle-même ?

La Société doit avant tout vivre, vivre non pas seulement économiquement, mais sous tous ses aspects.

Il lui faut d'abord assurer son existence et également se défendre.

Illustrons par quelques exemples l'existence de ce droit social, supérieur même au droit du consommateur.

En supposant donc l'existence d'une République coopérative complètement réalisée, comment donc s'y exercera par exemple la justice; y a-t-il une conception coopérative possible ?

En vérité, poser le problème, c'est déjà presque le résoudre. Certes, le développement des idées coopératives peut conduire à la multiplication des arbitrages pour conflits de toute espèce entre les individus d'une Société ou même entre ces individus et cet organisme social qui s'appellerait la République coopérative avec tous ses rouages secondaires. Mais la pratique de l'arbitrage, qui peut être présentée comme une forme indirecte de coopération, ne répond point à toutes les situations. Exemple : en matière de justice criminelle, il faut envisager forcément des institutions spéciales et dont nous ne voyons pas beaucoup, pour notre part, leur création sur des bases coopératives. Certes, le Jury rend pour ainsi dire des verdicts « coopératifs » puisque ce sont des élus des justiciables qui le composent, mais ce n'est certes point du point de vue de la consommation ! ! !

On peut admettre que l'influence morale de la coopération sera telle, dans la République coopérative qu'elle constituera, que les délits et les crimes diminueront, mais il est bien clair qu'il ne suffit pas de prononcer le mot coopération pour qu'ils disparaissent et trouver à de pareils problèmes une solution s'inspirant de ces idées.

De même, ne peut-on se demander si pendant longtemps, les nations n'auront pas à envisager des dangers extérieurs et des aggressions possibles. Certes, la Société des nations qui n'est précisément que la coopération des peuples contre la guerre pourra hâter l'heure où ce problème ne se posera point; mais, de même qu'il y a des brigands privés, il peut y avoir des nations de brigands. Or, pour se défendre contre les uns et les autres, la Société, fût-elle la République coopérative, sera obligée de prendre des mesures au moins pendant longtemps; elle ne trouvera pas en elle et en ses principes le moyen de les résoudre... Que signifierait une armée constituée coopérativement?

Parlerons-nous également de questions à caractère moral qui nécessiteront une action très différente de celle que peut exercer une organisation de consommateurs en tant que tels. Tel est, par exemple, le cas pour les problèmes de natalité. On n'imagine guère, par exemple, que seules, les mères ou les familles, puissent avoir voix au chapitre pour régler les mesures qui devraient, dans une nation de faible natalité, encourager ou favoriser le nombre des naissances. C'est la Société elle-même tout entière et en tous ses éléments qui doit être appelée à donner son avis et à prendre des mesures.

Sur un autre terrain, des mesures ne sont-elles point nécessaires contre des fléaux sociaux comme la tuberculose, comme l'alcoolisme et comme la prostitution. Certes, les Coopératives peuvent, à l'égal d'autres organisations, s'occuper de ces problèmes, mais même quand elles exerceront une action utile en ce sens, on ne peut affirmer pourtant qu'elles l'accompliront du point de vue des consommateurs, et c'est incontestablement la Société tout court qui a lieu, pour sa propre défense, de s'en préoccuper. Mais la coopération peut lui apporter son concours.

Enfin, même en matière économique, est-il possible de concevoir que seuls, conformément aux principes coopératifs, les consommateurs, sans appel, pourraient régler des questions qui intéressent non seulement ceux qui consomment, mais même ceux qui ne consomment point.

Voici, par exemple, un certain nombre de services publics dont l'entretien et la gestion intéressent au même titre ceux qui ont à s'en servir et tous les membres de la Société.

Qu'il s'agisse des Postes ou des Chemins de fer, peut-on prétendre que seul l'intérêt des consommateurs est en jeu. A côté des voyageurs ou des acheteurs de houille, il y a un problème de la richesse générale appartenant ou devant appartenir à tous, qui doit être protégée et utilisée au bénéfice de tout le monde et non, certes, au seul bénéfice de ceux qui en ont besoin pour eux-mêmes.

Qu'on apporte donc à la question des services publics, des méthodes d'administration inspirées des principes coopératifs ; que l'on songe à la coopératisation des services publics, c'est fort bien, mais il faut tenir compte des besoins généraux que la société doit prendre en main parce qu'ils ne sont pas seulement la somme de besoins individuels. Ainsi, la République coopérative, considérée comme représentation unique du consommateur, doit s'incliner devant cette reconnaissance d'un droit social.

B) Les fonctions esthétiques et morales.

Il est également d'autres manifestations de la Société auxquelles la République coopérative ne peut prétendre apporter et imposer sa conception : nous voulons parler des fonctions esthétiques et morales.

Certes, la coopération des artistes, des littérateurs pour l'édition de leurs œuvres, des sculpteurs ou des peintres pour se procurer les matériaux de leur métier peut être fort utile et déjà fort appréciée ; n'y a-t-il pas des Coopératives d'édition et des coopératives de théâtres ?

Certes, on peut même imaginer facilement que l'exercice de la religion ou des cultes puisse se concevoir sous la forme d'organisation coopérative et cela s'est déjà fait. Il n'y a pas d'impossibilité à ce que tout cela devienne règle générale. Mais il est vrai, également, que, pour une part, les initiatives individuelles guidées par le talent et le génie et les aspirations métaphysiques, peuvent et doivent conserver le droit de s'exercer, même sous des formes individuelles.

La République coopérative peut jouer sur l'évolution de l'art ou de la littérature un rôle important, mais c'est un autre problème.

Nul doute, par exemple, que la République coopérative n'aboutisse à créer un art collectif, comme par exemple la reprise des grandes fêtes populaires qui seraient fêtes coopératives au sens plein du mot. Il suffit pour cela de constater que partout où la coopération s'établit, les Coopératives tentent immédiatement de posséder leur salle de fêtes, leur maison de coopération et y avoir leurs manifestations propres.

La consommation de la beauté s'opérant de plus en plus sous la forme coopérative créera certes un art public qui tendra beaucoup plus à la satisfaction des communs besoins de beauté que des créations de l'art pour l'art, mais seule le temps alors se chargera d'accomplir cette évolution.

C) La coopération et l'assurance sociale.

Il est toute une série de questions qui, à première vue, ne paraissent pas relever des principes coopératifs et qui, pourtant, prennent chaque jour une importance croissante, nécessitent des organismes propres, tel est le cas par exemple de l'assurance sociale.

Dans une société bien organisée, l'être humain doit être à l'abri de tous les maux qui proviennent de la société elle-même et de son caractère de société humaine. L'homme et la femme ne devraient-ils pas être assurés pour leurs vieux jours ?

La mère ne doit-elle pas être protégée dans sa maternité, l'ouvrier à l'abri du chômage, au moins involontaire, enfin, le malade soigné.

L'un des plus grands défauts du monde est l'insécurité de chacun. L'assurance sociale, sous toutes ses formes, a pour but de le garantir contre les risques sociaux. Dans une société bien organisée, tout être humain doit être protégé contre tous les fléaux.

La République coopérative y apporte-t-elle remède par elle-même. Evidemment non. Sur ce point donc, si on la conçoit comme une solution de la question sociale, il y a lieu qu'elle soit complétée et il faut envisager des organismes différents et reposant sur d'autres principes.

Certes, on peut prétendre que l'assurance sociale est encore de la coopération en ce sens qu'il s'agit de la mise en commun d'efforts et d'une utilisation de la solidarité suivant les besoins de chacun. Coopération morale, sans doute, mais en détournant tout de même très singulièrement le mot, qui appelle forcément l'idée d'une organisation matérielle. En tout cas, on ne retrouve nullement, dans l'assurance sociale, les règles directrices d'organisation et de gestion que nous avons prises comme les caractéristiques de la coopération de consommation.

Mais cette lacune pour la solution du problème social, dans son entier, il faut reconnaître qu'instinctivement, naturellement, la coopérative cherche à la combler.

Un mouvement irrésistible pousse les sociétés à créer, sous le titre d'œuvres sociales, ce qui constitue en réalité des réalisations partielles de l'assurance sous formes de caisses de prévoyance, secours en cas de décès, allocations aux naissances, caisses de prêt, de chômage et même, en certains cas, caisse de retraites ou pour le personnel ou pour les sociétaires.

Ces œuvres sociales sont infinies dans leur variété. Elles ont toutes le même caractère. Elles sont faites par des prélèvements sur les trop perçus de la Coopérative, elles vont même, dans certains cas, jusqu'à les absorber complètement. L'idée est si fortement ancrée que ce qu'on appelle l'école Coopérative de Saint-Claude reposait sur cette idée.

Il est bon d'ajouter que les coopérateurs qui s'inspiraient des plus hauts sentiments moraux pour préconiser cette utilisation du résultat économique de la Coopérative, croyaient par là faire du socialisme. Certes l'assurance sociale peut et doit être comme une institution socialiste, mais en vérité, la coopération n'a pas besoin des œuvres sociales pour cela. Nous l'avons vu, elle est socialiste par elle-même, par nature, en raison avant tout de sa fonction économique. Quoi qu'il en soit, ce mouvement marque qu'il est possible d'imaginer une République coopérative qui, hypothétiquement et par son seul fonctionnement, aurait fait face à ce besoin social.

Toutefois, l'assurance sociale de la coopération n'est point de l'assurance sociale véritable. C'est beaucoup plus une forme de la mutualité et sa faiblesse est dans le principe que les ressources sont trouvées dans les trop perçus, c'est-à-dire dans quelque chose d'aléatoire; car telle ou telle année, il peut y avoir ou ne pas y avoir de trop perçus et alors, l'assurance sociale ne serait plus qu'un vain mot.

De plus, il est presque impossible de concevoir qu'avec les seules ristournes, on puisse de longtemps instaurer un régime mettant à l'abri de tous les risques sociaux, ce qui est évidemment fort onéreux.

Ajoutons que les trop perçus sont distribués proportionnellement aux achats, il y a quelque injustice économique dans cet impôt par excellence de consommation et frappant les plus gros consommateurs qui sont en général forcément les plus chargés de famille et ce, au profit égal du risque de tous.

Il y a donc lieu de prévoir que si la République coopérative peut établir des services d'assurance sociale, il y a tout de même lieu de comprendre que celle-ci peut avoir une organisation à part, plus près de la réalisation d'un devoir social, que résultat d'une organisation de consommation.

CHAPITRE II

L'ORGANISATION DU TRAVAIL DANS
LA RÉPUBLIQUE COOPÉRATIVE

A) Le salariat et la République coopérative.

Dans quelle mesure la République coopérative tiendra-t-elle compte des organisations de producteurs et apportera-t-elle une solution à la question de l'organisation du travail et à la question de la suppression du salariat, tel est le problème que nous voudrions maintenant examiner.

Si, en effet, nous nous en tenons au schéma de la République coopérative telle que nous l'avons formulée dans des pages précédentes, il s'en suit bien qu'au point de vue économique, tous les revenus sans travail ont disparu et que l'ensemble des moyens de production et d'échange a fait retour aux consommateurs associés, mais il en résulte également que les consommateurs, par leurs organisations, dirigent entièrement et exclusivement la production.

Ainsi donc, dans ce domaine, rien ne serait en apparence changé à la situation faite aux travailleurs en tant que producteurs dont l'ensemble constituerait une immense armée de salariés au service des consommateurs souverains.

B) Différence avec le régime actuel.

Certes, entre cette société et la société actuelle, une grande différence apparaît tout de même.

Le jour où la République coopérative serait totalement établie, il se trouverait que chaque producteur serait en même temps membre de la Société coopérative ; ainsi, tout le monde serait à la fois employé de la République et en même temps, comme consommateur, participant à sa gestion et à la nouvelle souveraineté.

Les Conseils d'administration des Sociétés seraient en vérité composés de producteurs puisqu'ils ne pourraient faire autrement que d'être employés dans une organisation coopérative, étant donné que tout le travail serait concentré dans la République.

Egalement une autre différence avec le régime actuel et de la plus haute importance existerait, il n'y aurait plus de profit, celui-ci résorbé au profit de la collectivité ferait retour à chacun des consommateurs.

Mais il n'en reste pas moins que la République coopérative, si on la voit seulement dans son développement naturel, telle par exemple elle apparaît dans l'organisation de la production par les Magasins de gros qui existent actuellement, laisse subsister en son entier les formes du salariat.

Il est vrai que tous ceux qui ont depuis un demi-siècle demandé l'abolition du salariat visaient beaucoup plus, par cette formule, un régime qui n'incite nullement au progrès économique et qui, moralement, n'intéresse ni de près ni de loin le travailleur à son propre effort, qu'un régime de travail consistant dans la vente de la force de travail contre une somme d'argent.

Dans le premier sens, en vérité le plus courant, la République coopérative abolit le salariat puisqu'elle abolit le profit ; ce qui reste donc comme problème à examiner est simplement de savoir si on doit s'en tenir à l'organisation du travail tel qu'elle existe aujourd'hui ou si, au contraire, il n'y a pas lieu d'en trouver des formes différentes.

C) Nouvelle organisation du travail.

En ce sens, à l'intérieur même du mouvement coopératif, des efforts sérieux ont été faits en différentes régions ou en différents pays. Les militants de la République coopérative en formation ont compris que sur ce point la doctrine coopérative pouvait présenter une lacune, ils ont montré tous les vices résultant du régime du salariat pris, même seulement, dans son sens d'organisation du travail, ils ont fait valoir que le salariat n'incite nullement le travailleur à donner le maximum de production; celui-ci n'est plus qu'une machine vivante, utilisée comme les machines proprement dites sans participation réfléchie à l'ensemble de la production.

Au point de vue économique, le salariat, de plus en plus, se présente comme une organisation du travail qui, économiquement, n'incite nullement au progrès économique et qui moralement n'intéresse, ni de près ni de loin le travailleur à son propre effort.

Les coopérateurs, soucieux à la fois de tenir compte des arguments contre le salariat et de la part de bien fondé qui peut exister dans la doctrine syndicaliste, ont donc un effort intellectuel à faire pour pouvoir trouver une adaptation de la République coopérative aux nécessaires exigences du producteur et de ses droits. C'est pourquoi diverses mesures ont été proposées au cours des temps.

a) La participation aux bénéfices. — Certains coopérateurs ont demandé que les employés des Coopératives soient appelés à participer aux bénéfices. En Angleterre, pendant plus d'un demi-siècle, cette question a été à l'ordre du jour de tous les congrès coopératifs; l'Union coopérative, organisation morale, décrétait la nécessité de la participation aux bénéfices, pendant que les Magasins de gros se refusaient obstinément à l'appliquer.

A un moment donné cependant, le Magasin de gros écossais entrait dans cette voie. En vérité, l'expérience montra que cette participation aux bénéfices n'était qu'un moyen illusoire de solutionner le problème du salariat. En effet, la participation aux bénéfices est en général refusée par les organisations corporatives : les syndicats y voient un moyen d'assujettissement social au patronat et si dans la Coopérative le problème ne se pose pas de la même façon, il semble bien que la participation aux bénéfices ne repose point sur une idée juste.

Il faut participer aux bénéfices si vraiment on a participé à les obtenir ; or, sans doute, l'effort de production, l'utilisation des forces du travail peut permettre plus ou moins d'améliorer les résultats, mais les bénéfices d'une entreprise, même d'une Société coopérative, ont une autre source, ils dépendent de la direction générale, de l'administration, de l'ordre et de la méthode, de l'emploi des moyens techniques et de beaucoup d'autres considérations encore.

Or, si l'employé peut être appelé à participer et à être intéressé au résultat de son effort, il faut qu'il le soit directement pour la part précise à laquelle il a contribué aux résultats d'ensemble.

Inversement, il ne doit pas subir, en tant que producteur, la conséquence d'une mauvaise administration ou de toute circonstance indépendante de sa volonté.

De là, la nécessité pour la Coopérative d'intéresser directement ses employés non pas à la marche générale de la Société, mais au résultat de leur effort personnel ; de là peu à peu dans les Coopératives, la nécessité d'établir, en dehors des salaires réguliers ou en admettant des salaires minima, une rémunération d'après l'effort fait, d'après le rendement brut pour le service ou le travail spécial auquel l'employé est astreint ou d'après les économies réalisées directement par lui.

b) PARTICIPATION A LA GESTION. — Mais, même en intéressant le personnel à son effort et par là même pour une part à la vie de la société, la République coopérative n'en laisse pas moins subsister le régime du salariat considéré comme méthode d'organisation du travail. Aussi a-t-on proposé d'aller plus loin. La coopération débat encore longuement, sans avoir pu trouver du reste, par des expériences décisives, la question de savoir si le personnel, si les producteurs en un mot, doivent être appelés pour une part au moins à la gestion et à l'administration des entreprises coopératives. Au point de vue pratique, il semble bien que cette méthode n'ait pas eu de bien heureux résultats.

En général, les employés appelés par leurs camarades, élus par eux, pensaient beaucoup plus, au Conseil d'administration, à défendre les revendications de leurs collègues qu'à se soucier de l'intérêt général de la Société.

Pas plus que la participation aux bénéfices, la participation à l'administration n'a attaché le personnel à la vie de la Société. L'origine même de ses représentants les oblige pour ainsi dire à se cloisonner dans le rôle de défenseur du producteur et leur fait complètement négliger toute autre chose. Il s'en suit que dans les Conseils, les questions de personnel arrivent à occuper un temps précieux et que la gestion et l'organisation même de la Coopérative s'en ressentent forcément.

Quand du reste, ces employés ont été désignés, comme en quelques cas non pas par leurs camarades, mais par le choix des coopérateurs eux-mêmes, il est arrivé qu'ils ne représentaient plus en ce cas le personnel. Celui-ci n'attachait aucune importance à des désignations qui ne venaient pas de lui et n'avaient en réalité aucune responsabilité devant lui.

Il semble que c'est dans cette question de responsabilité que gît la difficulté du problème ; une solution meilleure s'est présentée en quelques cas ; des producteurs, c'est-à-dire des employés, ont été appelés au Conseil d'Administration des coopératives non pas en tant qu'employés, mais comme sociétaires, comme consommateurs et au même titre que leurs collègues.

En cette combinaison avantageuse, ce n'est pas en vérité l'organisation du travail qui se trouve modifiée à la Coopérative, c'est simplement la Coopérative qui alors s'entoure de conseils éclairés qui ont le double avantage de venir de ceux qui participent à l'effort et qui ont en même temps le désir de servir la Société comme consommateurs et au même titre que leurs collègues.

Toutefois, il faut bien dire que cette participation à la gestion, comprise dans ces conditions, ne résoud pas le problème : l'organisation du travail reste en tous les cas sous la forme du salariat.

De plus, beaucoup de Coopératives, loin de se diriger vers la participation du personnel au Conseil d'Adminstration, souvent instruites par des expériences malheureuses, craignant que les employés ne s'emparent de la Société pour en faire beaucoup plus une entreprise en leur faveur qu'un organe de répartition des richesses au profit des consommateurs, prennent même des précautions pour, au contraire, éloigner les employés de la gestion ; tantôt, elles l'interdisent, tantôt elles la limitent et cependant, il y a dans les conseils et les avis du personnel, de l'ensemble des producteurs, une force à utiliser pour le bien de la Coopérative.

A mesure que le mouvement coopératif évolue dans les organisations les plus développées, l'employé en tant que tel n'est point exclu de la gestion, mais est appelé à titre consultatif, le Conseil d'Administration admet par exemple à ses séances les conseils techniques qui peuvent lui être apportés, ici par les directeurs, là par des conférences spéciales organisées avec le concours et la collaboration du personnel pour l'examen des problèmes techniques d'organisation de la Société.

Si en ce cas rien n'est changé à la forme de rémunération du travail, un pas cependant énorme est fait pour une nouvelle organisation technique où le salarié devient un collaborateur et un collaborateur pour ce qui véritablement le regarde : la technicité. Est-il possible d'imaginer que tout en conservant aux consommateurs associés la pleine souveraineté dans l'organisation économique, est-il possible de concevoir que, dans une société où la consommation dirigera la production, il puisse y avoir cependant un régime du travail nouveau ; nous le pensons, mais la question n'est pas encore à l'heure actuelle résolue et si la République coopérative veut poursuivre ses fins, si elle entend être une solution définitive et totale à la question sociale, il lui faut théoriquement et pratiquement trouver une solution.

c) GÉRANCE ET COMMANDITE. — Nous pensons que déjà, dans ces dernières années en France comme dans certains pays étrangers, un pas énorme a été fait le jour où s'est établie la gérance responsable ; de ce jour-là, en effet, le salariat a pour ainsi dire disparu ; le gérant ne reçoit plus en vérité tout à fait un salaire, il est rémunéré d'après le chiffre d'affaires qu'il a fait ou encore d'après les rendements bruts qu'il a obtenus.

Du fait même que dans le magasin de répartition, le gérant est dépositaire de marchandises dont les prix de vente lui sont fixés, du fait qu'il est responsable de ces marchandises à lui confiées, il conquiert également la liberté d'organiser son travail, la boutique devient l'atelier libre, liberté et responsabilité, voilà le résultat obtenu. Or, du point de vue de l'organisation technique du travail, c'étaient les deux choses qui manquaient au régime du salariat.

Certes, ce n'est pas d'abord dans les organisations coopératives que la gérance responsable s'est établie, c'est le régime capitaliste lui-même qui, dans son évolution, a adopté, avec les grandes sociétés commerciales à succursales, la gérance responsable, mais cela ne veut pas dire que le système soit mauvais, bien au contraire.

Le régime capitaliste, dans son propre intérêt, n'est pas toujours mais souvent conduit à appliquer les meilleures méthodes techniques de rendement, il se sert des inventions, des machines, il les utilise à son profit, mais la coopérative peut les prendre pour les utiliser au profit de tous et pour le bien même de ceux qu'elle emploie.

Seulement, la gérance responsable se conçoit-elle en tous les cas ? En vérité, pour qu'il y ait réellement gérance responsable, il faut qu'il y ait un seul employé ou tout au moins un personnel restreint.

Lorsqu'au contraire il s'agit de boutiques qui nécessitent un personnel nombreux, lorsqu'il s'agit d'organisation d'ateliers dans des usines de production, si l'on continue à parler de gérance responsable, il ne s'agit plus de salariés élevés comme gérants à une dignité supérieure dans la liberté et la responsabilité de son travail, il s'agit alors, au contraire, de tâcheronnat, c'est-à-dire de la forme d'exploitation la plus éhontée de l'homme. Le gérant exploite son personnel pour accroître ses bénéfices, le contremaître ou le chef d'usine ne songe qu'à une chose, gagner davantage en exploitant ses subordonnés, les producteurs.

Mais, le problème n'est pas insoluble? Si la boutique, si l'usine ou si l'atelier nécessite un personnel qui ne se réduit pas à une personne ou à une famille, il existe depuis quelques années, avec malheureusement trop peu d'expériences, une forme collective d'organisation du travail tout particulièrement à recommander: c'est la commandite.

La commandite, c'est en vérité une gérance responsable collective, c'est une association de producteurs à qui l'on confie, par exemple dans un magasin coopératif, l'organisation du travail moyennant une rémunération calculée au chiffre d'affaires ou au rendement.

En France, quelques essais de ce genre ont été faits avant la guerre, ils n'avaient pas eu le temps de donner des expériences décisives ; il est entendu que, probablement, des difficultés pratiques se présenteront, mais en principe rien ne paraît insoluble ; en tout cas, si dans le domaine commercial la solution paraît difficile à trouver et si elle ne peut s'appliquer que dans certaines natures de travaux, rien ne peut permettre de dire qu'elle est impossible. Evidemment, pour que la commandite fonctionne, pour qu'elle puisse se créer, il faut des associations assez restreintes d'employés qui se connaissent, s'apprécient, qui puissent travailler en commun, mais cela peut résulter d'une éducation des producteurs et d'un effort fait par eux-mêmes pour se discipliner : alors on peut organiser des sortes de petites républiques du travail, dans la République des consommateurs.

En matière industrielle, c'est-à-dire dans les ateliers, usines et manufactures de la République coopérative, la commandite peut également se concevoir ; elle aurait pour résultat de créer ce fameux atelier social qui, précisément, est la grande revendication du monde du travail et des doctrinaires syndicalistes.

Seulement, dans les grandes industries, tout en conservant le principe même de la commandite, liberté et responsabilité, il est clair que ces formes devraient varier, car jusqu'alors, elle s'est simplement instaurée dans des travaux spéciaux, par exemple dans la typographie. Elle n'a pas eu d'applications larges dans une grande industrie.

Ce que la République coopérative en formation doit retenir, c'est en tout cas que le principe même de la commandite doit être pour elle le moyen de solutionner la question du salariat si elle veut remplir sa tâche complète, faire l'émancipation humaine.

Toutefois, il s'agit là d'un problème dont la solution est dans la technique. Si la commandite peut avoir de larges répercussions sociales, il est indispensable que des expériences nombreuses et variées soient faites ; ce n'est que dans cette mesure qu'elles pourront être concluantes.

Ainsi, sans déroger de ses principes, sans abandonner l'idée de la consommation organisant sa propre production, ce qui est le point essentiel de la République coopérative, l'effort nécessaire serait fait en faveur du travail, du respect du producteur, de la dignité de sa tâche et de son rôle social.

CHAPITRE III

DIVERSES CONDITIONS D'EXISTENCE DE LA COOPÉRATION

A) Conditions économiques.

a) L'ÉCONOMIE FAMILIALE. — La Coopérative pour vivre n'est-elle pas elle-même soumise à des conditions préalables d'existence.

C'est dans les cadres de la Société capitaliste qu'elle se meut et sur le terrain de la libre concurrence économique, mais la libre concurrence n'existe pas toujours ou n'est pas suffisamment développée. En d'autres cas, elle a déjà disparu.

Dans la première hypothèse la coopération est en face d'un système d'économie familiale, dans le second, en face d'un monopole de droit ou de fait.

Le système d'économie familiale est le système économique qui précède la Société marchande, c'était autrefois le cas général quand la production était faite pour la consommation sur place et non pour le marché. A l'époque du moyen âge l'industrie ne s'était pas différenciée de l'agriculture et chaque exploitation agricole constituait en vérité un petit monde économique qui se suffisait à lui-même. Le commerce ne dépassait pas les limites de la région, il se réduisait à quelques échanges dans les marchés voisins, il ne jouait qu'un rôle extrêmement secondaire dans la vie économique.

De plus en plus, cette économie familiale a fait place à la production pour la vente et par cette nouvelle organisation qui, en des formes évoluées aboutit à la Société capitaliste, personne ne produit plus directement pour sa propre consommation.

Or, il est bien évident que la coopération, telle qu'elle apparaît d'abord, coopération dans le domaine commercial, aura d'autant plus de force et d'autant plus de chances de développement que la production pour le marché sera la règle générale de la vie économique. C'est même pourquoi, sous la forme actuelle, telle qu'elle est aujourd'hui, telle qu'elle se constitue vers la République coopérative, elle n'a pas apparu avant la naissance de l'économie marchande.

Toutefois, dans notre Société actuelle, il reste encore dans maints endroits et en certaines régions, une large part d'économie familiale. A la campagne particulièrement, dans les régions de petite propriété agricole, la vieille économie familiale subsiste au moins partiellement. La coopération cependant peut s'y adapter et s'y implanter.

Citerons-nous l'exemple des boulangeries coopératives des Charentes, où chaque cultivateur apporte à la Boulangerie coopérative ou même quelquefois au Moulin coopératif son blé et le reprend sous forme de pain. Mais fait curieux, dans la mesure où la coopération s'implante dans un régime économique qui ne lui est pas propre, elle aboutit à en transformer les méthodes et à déterminer elle-même le progrès économique et la disparition de la vieille économie familiale. C'est dans le même sens que la coopération dans les campagnes constitue non pas seulement un meilleur moyen de répartir équitablement les richesses, mais entraîne un progrès technique de l'agriculture. Elle pousse, peu à peu, l'économie ancienne vers des formes nouvelles. Il semblerait en ce cas que le stade de l'évolution, qui s'appelle le capitalisme, est pour ainsi dire sauté, ou plus exactement, la vie économique passe de l'économie familiale à l'économie coopérative sans s'arrêter à l'économie du profit.

En tout cas, si la République coopérative peut pousser ses racines jusque dans les campagnes, même là où la libre concurrence n'est pas encore née, un large champ d'action peut encore pour longtemps lui échapper.

b) MONOPOLES PRIVÉS OU PUBLICS. — Si la coopération évolue dans un régime de libre concurrence et si cette libre concurrence est le fait du régime capitaliste, il ne faut pas oublier que ce régime, lui-même, tend peu à peu à s'ordonner, à se discipliner et aboutit à la suppression de cette même libre concurrence. C'est le cas partout où l'industrie, peu à peu, réussit à coordonner ses efforts, à se centraliser pour aboutir au régime des cartels, des trusts et en vérité à un monopole économique de fait.

Depuis longtemps déjà, certaines industries, de par leur nature, y sont parvenues ou presque ; c'est par exemple le cas pour les chemins de fer et pour les mines, cela devient chaque jour le cas pour certaines autres industries. Tantôt, il s'agit de monopoles d'Etat, tantôt de municipalisations, tantôt simplement de monopoles de grandes compagnies. Quelquefois, ce monopole peut ne pas être absolu comme par exemple dans les mines, mais le nombre des exploitations est si réduit qu'on ne peut vraiment pas parler de libre concurrence. Du reste, entre ces grandes Compagnies et ces grandes Sociétés privées, des ententes se multiplient de telle façon que, même s'il n'y a pas une seule exploitation commerciale, il n'y a plus concurrence entre elles.

Or, que peut être la position de la République coopérative en formation en présence des monopoles.

On peut concevoir théoriquement qu'une République coopérative totale posséderait ses moyens de transports et que les chemins de fer pourraient fonctionner sous la direction de l'ensemble des consommateurs, mais c'est là une vue purement théorique. Partout où le monopole s'est établi, il est impossible que le principe coopératif élimine ce qui existe et dresse une nouvelle organisation sociale à côté qui puisse se défendre. Même si la coopération est infiniment puissante, on ne voit pas l'utilité qu'elle aurait à créer ses propres chemins de fer et du reste, elle ne le pourrait point.

De plus, nous l'avons marqué dans un chapitre précédent, il y a un droit social qui se fait jour à côté du droit du consommateur. Cependant la coopération, la République coopérative réclame partout où les monopoles se sont créés, la disparition du profit capitaliste. En outre, dans tous les cas où la République coopérative ne peut prétendre substituer ses organismes à ceux existants, partout où la libre concurrence n'existe plus, elle demande que les consommateurs soient appelés à la gestion des organismes capitalistes transformés en organismes nationaux.

C'est ainsi que la coopération est favorable à toutes les nationalisations, nationalisation des mines, nationalisation des chemins de fer, mais elle réclame en même temps que ces organismes conservent la plus large autonomie de direction et que, pour la plus large part, les consommateurs, en tant que tels, soient appelés par les lois qui organiseront ces services publics à la gestion et à l'administration.

Quelle part doit être faite à la Nation, quelle part doit être faite au producteur, quelle part doit être faite au consommateur ? c'est là un problème pratique. Mais incontestablement, la représentation des consommateurs devrait être la plus forte, ils devraient, conformément à l'idée de la République coopérative, assurer au moins la majorité de la direction. Les monopoles privés disparaissant, les nationalisations se faisant, la direction du consommateur provenant des organismes coopératifs eux-mêmes rendra effective la seule idée pratique d'une gestion dans l'intérêt général.

Notons que pour ce qui concerne la transformation des monopoles privés, et leur nationalisation, il y a lieu justement d'envisager une gestion économique qui les éloigne le plus possible d'une organisation étatique ou bureaucratique, et qui les écarte également d'un système où ces industries ne seraient pas organisées pour le bien général mais orientées seulement vers des avantages à donner à ceux qui y travaillent.

Notons également que si la République coopérative voit dans les municipalisations, régie du gaz, de l'eau, de l'électricité, des tramways, etc., une utile chose, c'est qu'en vérité le municipalisme se rapproche alors tout à fait de la coopération. Une seule différence entre les deux systèmes : la coopération étendue, élargie, repose sur la volonté de ceux qui adhèrent à elle, tandis que le municipalisme, c'est la coopération obligatoire.

Si donc, la République coopérative trouve un empêchement à sa réalisation totale dans la suppression de la libre concurrence par l'intervention publique ou par l'existence de monopoles de fait ou de monopoles de droit, cependant ses principes peuvent, peu à peu, avec le système des municipalisations et des nationalisations, se retrouver cependant appliqués sous une autre forme et par une intervention indirecte.

B) Conditions politiques.

Il n'y a pas que des conditions économiques d'existence pour la coopération, il y a également des conditions politiques. Les Coopératives sont des associations libres à administration autonome. Elles ne peuvent vivre ou tout au moins s'étendre que lorsque certaines libertés publiques existent ou lorsqu'un minimum de démocratie est réalisé.

a) LE DROIT D'ASSOCIATION. — La première des libertés publiques, indispensable à la vie et à l'organisation d'une Coopérative, est la liberté pour les hommes de constituer des associations.

Or, en maints pays, pendant très longtemps, cette liberté a été refusée ; en France, les Coopératives se sont mises sous le couvert de la loi des Sociétés commerciales constituées sous la forme spéciale des

Sociétés à capital et personnel variables. Cette loi ne date encore que de 1867. En vérité, elle fut faite de telle façon que les Sociétés coopératives n'étaient conçues qu'avec un rôle restreint. On leur a donc appliqué des règles juridiques qui faisaient fort bien les affaires des Sociétés commerciales privées mais ne convenaient guère au but et aux formes d'organisation des coopératives.

L'histoire de la coopération française est du reste, à ce point de vue, semblable à celle de tous les autres mouvements coopératifs. Nul doute que ce ne sont pas seulement des considérations d'ordre économique qui ont fait que juridiquement les Sociétés coopératives ont été entravées dans leur développement, les considérations politiques ont souvent conduit à voir dans les Sociétés coopératives un danger. Car elles représentaient la réalisation de la démocratie dans le domaine économique.

Le principe d'une voix par sociétaire a besoin pour s'appliquer d'un minimum de tradition démocratique.

C'est du reste pour cela que dans beaucoup de cas, la Coopérative n'a pas pris toujours sa forme naturelle ; les économats, œuvre de philanthropie patronale, quelquefois même d'exploitation capitaliste, sont la manifestation évidente de l'état d'esprit de gens qui ne pensent pas qu'une organisation économique puisse fonctionner sous la forme de self-administration d'une petite république.

Plus l'esprit démocratique sera développé, plus les idées républicaines auront pénétré, et plus la coopération pourra avoir des facilités d'action et d'évolution.

Du reste, il ne s'agit pas là, seulement, d'une question d'ordre juridique ; la démocratie n'est pas simplement un fait d'ordre légal, elle est surtout le résultat de traditions, d'habitudes de pensées et de fait. Si celles-ci n'existent pas, il est fort douteux que la coopération trouve l'atmosphère favorable à son développement.

C) Conditions sociales.

La République coopérative doit reposer sur l'action volontaire des consommateurs. Cette volonté peut-elle se manifester quand, par exemple. le niveau de vie des consommateurs est si bas que leur liberté n'existe que théoriquement ou insuffisamment?

D'autre part, le genre de vie de certains consommateurs leur permet-il d'utiliser la coopération?

Enfin, certaines consommations sont-elles susceptibles de se plier à une répartition collective des richesses?

L'expérience coopérative conduit à cette constatation, que les coopérateurs ne se recrutent, en général, ni parmi les travailleurs dont les salaires sont les plus bas, ni parmi les classes aisées.

La clientèle coopérative semble avoir sinon des limites précises aux deux pôles de l'échelle sociale, au moins des difficultés bien plus considérables de recrutement. Le gros noyau de coopérateurs, et surtout dans les débuts, se rencontre parmi les ouvriers qualifiés, les employés ou les fonctionnaires; il n'est pas très difficile d'en voir les raisons et les causes.

a) LA COOPÉRATION DANS LES CLASSES AISÉES. — La coopération dans les classes aisées est difficile, car, en général, ce ne sont point les gens riches qui s'occupent de leur propre alimentation, ils s'en remettent pour cela à leur domesticité qui, elle, n'ayant aucun intérêt direct dans la Coopérative, préfère trouver quelques supplément de salaires ou de bénéfices dans les prébendes des intermédiaires privés.

Et puis, l'économie dans l'alimentation ne présente pas pour les riches le même attrait que pour les classes modestes. Qu'est-ce que la ristourne pour ceux qui ont des revenus si importants qu'ils peuvent s'offrir des dépenses somptuaires. Ne tendent-ils point à s'offrir une alimentation de choix, une alimentation de luxe avec cette opinion du reste enfantine, que plus on paie cher mieux on est servi.

Enfin, la coopération, comme pour d'autres la religion, leur semble peut-être bonne pour les pauvres et non pour eux. Il est vrai que la crise croissante de vie chère de l'heure actuelle attire davantage, même les consommateurs riches, vers le mouvement coopératif.

Les classes possédantes ont une dernière raison d'être réfractaires au mouvement coopératif : elles sont les bénéficiaires du régime capitaliste, leurs revenus sont des revenus sans travail et elles peuvent fort bien sentir que la République coopérative dans son développement ultérieur, si elle peut leur rendre des services en tant que consommateurs, peut aboutir un jour à les exproprier en tant que bénéficiaires des profits et bénéfices.

Elles ne sont pas sans voir l'illogisme qui consisterait à trouver bon que la coopération abolisse le profit du commerce de détail, en même temps qu'elles trouveraient détestable sa souveraineté sur l'ensemble des moyens de production et d'échange.

b) LA COOPÉRATION ET LE PAUPÉRISME. — Il peut paraître plus étonnant que la coopération ne se propage que difficilement dans les classes les plus pauvres ; il semblerait à première vue que ce sont précisément celles-là qui sont les plus intéressées à économiser sur leur force de consommation déjà si faible et pourtant le fait est qu'au-dessous d'un certain niveau de vie, la coopération ne trouve point d'adeptes.

A la réflexion, ce n'est pas très surprenant, ce qui éloigne les plus misérables de la Société coopérative, ce n'est certes point le versement d'une action ou du dixième de cette action : qu'est-ce malgré tout qu'une somme de 2 fr. 50 ou de 10 francs, demandée à quiconque veut participer à la vie coopérative ? On peut prétendre qu'il y a là un petit effort mais bien peu en sont malgré tout incapables.

Ce qui est plus exact, c'est que la participation à la vie coopérative provient d'un esprit de prévoyance. Or, sans qu'ils en soient responsables, fort souvent les miséreux ne sont plus capables d'aucun effort de volonté et vivent au jour le jour sans réflexion, réduits par la société elle-même à une vie fort rapprochée de celle d'une bête humaine.

Bien mieux, la consommation des miséreux est fort irrégulière. Sans parler de cette partie de la population qui est obligée d'avoir recours à l'aumône, n'oublions pas que la classe la plus pauvre est livrée sans merci à ce fléau d'autant plus redoutable qu'on est plus pauvre (qui s'appelle le crédit.

Or, la société coopérative précisément a pour base de ne faire aucun crédit.

Quelle famille pourrait se servir à la Société coopérative quand elle n'a pas pu mettre de côté la huitaine ou la quinzaine, quand elle travaille sans pouvoir attendre le paiement du salaire ; n'oublions pas que sous le régime du salariat, le travailleur fait l'avance de son labeur et qu'il n'est payé qu'ensuite.

Hélas, même en dehors des miséreux, trop de travailleurs sont encore condamnés, par là même, à ne pouvoir jamais s'assurer les avantages d'une Coopérative vendant au comptant et si cependant la Coopérative fait crédit, elle est elle-même condamnée à mort.

c) La coopération parmi les travailleurs « nomades ». — Nous ne serions point complet dans l'examen des limites de recrutement de la coopération, si nous n'ajoutions, qu'en dehors même du niveau d'existence, les conditions de vie de certaines catégories de travailleurs, passant de semaine en semaine ou de mois en mois d'une localité à une autre les éloignent de la Coopérative.

Certes, à mesure que la République coopérative se constituera, à mesure que les Sociétés seront ouvertes à tout le monde, vendront au public, il sera peut-être plus facile de gagner à l'idée coopérative ces catégories sociales.

d) Les consommations de luxe. — Remarquons enfin que certaines consommations de luxe, par exemple vente de diamants ou de bijoux, certaines consommations spéciales qui relèvent à l'heure actuelle beaucoup plus du petit commerce et de l'artisannerie que les transactions courantes, ne peuvent se concevoir coopérativement que dans une évolution extrêmement développée du mouvement coopératif ayant attiré à lui presque la totalité des consommateurs. Elles exigent, forcément, des capitaux de roulement considérables que la Société coopérative n'oserait y engager faute de ressources ou parce que des utilisations meilleures de ses fonds disponibles se présentent à elle.

Quoi qu'il en soit, ces limites au développement de la République coopérative ne sont pas absolues, il n'y a là que des restrictions ou passagères ou temporaires et il n'y a pas impossibilité fondamentale, soit pour ces catégories de consommateurs, soit pour ces branches de consommation à une extension de l'organisation coopérative.

CHAPITRE IV

LA RÉPUBLIQUE COOPÉRATIVE ET LES
« SOCIÉTÉS COOPÉRATIVES »

Avant de terminer l'examen des limites de réalisation,
nous devons noter, non plus une restriction au développe-
pement, mais une opposition possible entre la République coopérative, but définitif du mouvement et son état
de réalisation.

Les Sociétés coopératives ne sont encore, à l'heure
actuelle, que des groupements de consommateurs et
elles ne représentent pas la totalité des consommateurs. En certains cas, ne peut-il y avoir contradiction
ou opposition entre les intérêts du groupement, tel
qu'il est, et l'intérêt plus général de tous les consommateurs qui n'y ont point encore adhéré. Certes, il
est possible de porter remède à ce danger dans la
mesure où la coopération s'ouvre très largement,
mais précisément, des Coopératives ont tenté quelquefois de se restreindre à telle corporation ou à telle
catégorie sociale. Il est bien rare maintenant de rencontrer, par exemple, des sociétés coopératives qui
veulent réserver à leurs sociétaires tel ou tel produit
rare ou veulent obtenir des conditions plus avantageuses pour ceux qui y ont adhéré depuis longtemps.
Mais il est indispensable, toutefois, que la coopéra-

tion, en prenant conscience d'elle-même, écarte chaque
jour son intérêt de « groupement » pour se confondre
de plus en plus avec l'intérêt général des consommateurs, que seule, la République coopérative complète
représentera totalement.

En fait, il est remarquable que les coopératives qui,
à leurs débuts, ne recherchaient que l'intérêt d'un
groupe limité étroitement, ont le plus souvent, à un
moment donné de leur développement, ouvert plus largement leurs portes. Il a suffi pour cela qu'une première éducation coopérative, jointe à un sens plus exact
des nécessités commerciales, fasse peu à peu naître
chez les administrateurs et chez les sociétaires l'enthou-
siasme pour l'idée en même temps que la fierté d'appartenir à une Société chaque jour plus grande et plus
forte.

CINQUIÈME PARTIE

LES MOYENS DE RÉALISATION DE LA RÉPUBLIQUE COOPÉRATIVE

> « La Coopération, c'est le laboratoire où se posent tous les problèmes de la Société nouvelle. »
>
> JEAN JAURÈS.

CHAPITRE PREMIER

LES MOYENS DE RÉALISATION

La République coopérative est une hypothèse qui sort des faits.

Elle paraît avec toutes les adaptations et les compléments qu'elle peut comporter, qu'on peut envisager, et que nous venons de voir comme une solution de la question sociale.

C'est une solution en voie de constitution et en puissance.

C'est une hypothèse scientifique, car elle résulte des lois mêmes du mouvement coopératif. Elle ne se réalisera pas mécaniquement : c'est à travers mille heurts, résistances ou erreurs qu'elle fraye sa voie, et en tâtonnant.

L'éventualité de sa réalisation totale dépend à la fois de la conscience que les consommateurs se feront du but à atteindre et de la rapidité avec laquelle ils rejoindront la Coopérative.

Enfin, l'heure de son avènement complet dépend du degré de perfectionnement des instruments de sa réalisation.

Les deux facteurs dominants pour sa réalisation résident dans la coordination des efforts pour conduire à l'unité organique et dans la connaissance du but à atteindre chez les militants de la coopération.

La République coopérative est un système social, elle constitue un tout. Dans sa complexité même, c'est un corps complet, où chaque organe a sa fonction.

Mais, si l'on veut que la République coopérative en formation se constitue, s'oriente vers sa fin naturelle, il faut donc l'écarter de toutes les voies où elle perdrait son temps, où les coopérateurs gaspilleraient leurs efforts, s'attarderaient en des méthodes surannées. Nul doute que la tâche sera d'autant plus facile que les hommes qui auront la charge et la responsabilité des œuvres coopératives auront une conscience plus claire des buts à atteindre et une connaissance plus complète des moyens d'y parvenir, des instruments à utiliser et de leurs fins dernières.

Ains donc, l'éducation du militant coopérateur, la netteté de ses vues d'avenir, la claire notion de l'idéal coopératif seront un facteur important de la réalisation de la République coopérative. Il suffira précisément que pour en préparer et hâter la venue, ils introduisent dans le mouvement coopératif les méthodes qui assureront dans son unité organique grandissante la coordination des efforts, l'élargissement de son programme, l'amplification de ses moyens de réalisation.

Il n'est donc point sans intérêt que ceux-là mêmes qui dirigent économiquement les Coopératives et doivent, à cause de cela, avoir des capacités techniques, soient, eux-mêmes, des coopérateurs instruits, avertis, soucieux dans chacun de leurs actes de préparer et d'activer l'avènement de la République coopérative. Ainsi s'explique que si les hommes sont le produit du milieu, ils agissent sur lui efficacement dans la mesure où ils connaissent mieux les directives et le sens de son évolution.

Quels sont donc pratiquement les « meilleurs » moyens de conduire la coopération vers ses fins dernières, quels sont les instruments à constituer, à forger et à mettre en œuvre ?

De ce point de vue, il y a, d'abord, à examiner la nécessité de grandes Sociétés de détail ; il y a ensuite à préciser le rôle réel des Magasins de gros, à marquer l'utilité d'une Société nationale, qui serait déjà embryonnairement la République coopérative. Il faut enfin étudier les relations économiques internationales que la République coopérative entraîne tant pour les mouvements coopératifs nationaux aujourd'hui, que demain pour les nations.

CHAPITRE II

DE LA SOCIÉTÉ LOCALE A LA SOCIÉTÉ DE DÉVELOPPEMENT

A) L'ère héroïque.

A ses débuts, la coopération s'est montrée sous le jour le plus modeste et se montre encore souvent telle. Quelques dizaines d'hommes, généralement des travailleurs, la constituent; ils mettent en commun les plus maigres ressources : quelques centaines de francs. Ils limitent leur activité à un seul objet : pain, épicerie surtout; la Coopérative est, par là même, forcément œuvre locale, œuvre de quartier. Elle ne se fait connaître que dans un rayon d'action très limité, limité en étendue, limité même à des individus se connaissant ou à des catégories sociales. Tel a été autrefois le caractère de toutes les coopératives, ou presque, à leur naissance. En vérité, la coopération est alors familiale, elle le reste fort souvent encore aujourd'hui.

Cette époque n'a point manqué de grandeur, c'est l'âge héroïque.

La Coopérative reposait alors beaucoup plus sur les sentiments qui animaient ses participants que sur sa puissance économique. La foi coopérative réunissait les

adhérents, le dévouement servait d'instrument d'action ;
c'était le temps où les administrateurs se chargeaient à
tour de rôle de répartir les marchandises entre les
adhérents, où toutes les besognes depuis la mise du vin
en bouteilles jusqu'à la tenue de la comptabilité étaient
confiées au sein même de la Société à ceux qui voulaient
bien y consacrer quelques heures de loisir, ou s'en occuper en dehors de leurs heures de travail.

Une pareille méthode ne pouvait réussir que grâce
au caractère pour ainsi dire fraternel que la Coopérative
revêtait. Forcément, c'étaient des amis attachés à une
œuvre commune. La Coopérative devenait pour chacun
sa propre affaire, il y laissait à son départ toujours un
peu de lui-même, et le meilleur. Et une autre conséquence s'en suivait : les coopérateurs étaient portés à
rester entre eux, à vouloir être de la même corporation,
du même milieu social et de la même rue ou du même
pays.

La coopération se restreignait d'elle-même et elle
trouvait dans cette restriction même une certaine force
de vie, mais de vie médiocre.

Si cette phase première n'avait pu se produire, le
mouvement coopératif n'aurait probablement pas vu le
jour. Elle correspondait du reste à un état historique
du commerce, à un degré très primitif de son évolution. Les concurrents de la coopération étaient ou sont
alors les petits intermédiaires. C'est le temps où le
petit commerçant est roi derrière son comptoir.

Dans cette situation, les bénéfices sont beaucoup
plus élevés, les écarts entre les prix d'achat en gros
et de vente au détail plus forts. La Coopérative pouvait se payer le luxe d'être aussi mal installée, aussi
mal achalandée que ses concurrents privés. Elle pouvait être administrée par des hommes insuffisamment
capables, le coulage pouvait atteindre des sommes élevées. Malgré tout, la Coopérative pouvait vivre économiquement, et elle était supérieure moralement. Elle
était une institution dont la force résidait dans la solidarité étroite de ses membres.

B) La grande société locale.

Mais une deuxième phase n'a pas tardé à se produire : la Coopérative a étendu son rayon d'action. Elle a entrepris diverses branches. Elle a dépassé les cadres étroits primitifs. Dans les cas les plus heureux se sont constitués de véritables « mastodontes » coopératifs locaux. Mais ils n'ont fort souvent que constitué des îlots, soit dans des régions industrielles très surpeuplées, soit dans tel faubourg d'une grande ville.

Mais les Coopératives semblent avoir une limite à leur développement et à leur extension. Et c'est chose compréhensible.

Ces Coopératives n'atteignent point d'immenses régions. Leur rayon d'action limité leur interdit l'ouverture de certaines branches qui nécessiteraient de plus importants débouchés pour utilement fonctionner. Le risque commercial est plus considérable, car la mauvaise gestion d'une ou de quelques répartitions peut suffire à entraîner la ruine de l'entreprise. Elles ne peuvent compenser leurs pertes, les unes par les autres ; or, Sociétés locales ou de quartiers de grandes villes sont bien davantage à la merci de circonstances locales et de fléaux particuliers, de mouvements d'opinion ou de querelles de personnes.

Et puis, à un certain degré de l'évolution du commerce privé, elles ne se trouvent plus en mesure de lutter contre lui.

Le commerce privé crée d'abord des firmes commerciales qui ont pour caractéristique de faire elles-mêmes le commerce de gros et le commerce de détail. Elles en cumulent les bénéfices et, par leurs achats en grosses quantités, se placent dans de meilleures conditions. Le commerce privé peut même réduire ses bénéfices de détail et se rattraper sur ceux de gros. Il peut donc diminuer les majorations du détail sans gêner son entreprise, tendre par là à abaisser le prix et se présenter comme un concurrent redoutable aussi bien à l'égard du petit commerçant que pour la Coopérative locale de détail.

Mais, lancé sur la voie de cette évolution, le commerce privé ne s'arrête pas en si bon chemin. Après avoir profité des avantages de la « centralisation » des achats, il aboutit rapidement à la décentralisation des ventes et à leur spécialisation. Il est plus près du consommateur et travaille à frais généraux moins élevés. C'est l'époque de grandes sociétés commerciales privées, généralement sous forme des sociétés anonymes, vendant dans des magasins répandus un peu partout; sociétés de bazars, sociétés à succursales multiples ou à produits spécialisés, telle est la dernière forme du commerce privé.

Mais alors, les avantages de la Coopérative, éliminant un bénéfice sans travail peuvent être compensés par les économies faites par la meilleure organisation au point de vue technique de l'entreprise capitaliste si celle-ci ne prenait pas les mêmes moyens de fonctionnement.

A la place de la poussière de Sociétés coopératives qui, séparées et autonomes, ne pouvaient arriver à se concurrencer ou ne pouvaient s'implanter dans tous les milieux, il fut dressé un organisme coopératif perfectionné: l'organe coopératif régional unique, déjà partiellement embryon de la République coopérative totale.

C) Sociétés coopératives à succursales.

C'est tout à la fois cette nécessité vitale de lutter à armes égales, armes techniques et économiques, contre le commerce privé, et celle de l'unité organique de plus en plus nécessaire pour réaliser la République coopérative par la concentration des efforts et l'extension des fonctions, qui a conduit à l'idée de Sociétés régionales, dites Sociétés coopératives de développement ou Sociétés coopératives de fusion.

Qu'entend-on par là ? Des sociétés coopératives ordinaires qui, au point de vue de leur statut juridique, sont absolument conformes aux principes coopératifs et de ce point de vue ne diffèrent absolument en rien des sociétés locales.

Mais, nouvelles venues dans le monde coopératif, elles profitent de toutes les expériences faites et peuvent se créer suivant les données les plus sérieuses.

Leur caractère moral n'est atteint absolument en aucun point et en outre leur valeur sociale est décuplée ; elles sont organisées suivant la plus moderne technique commerciale et adaptées à la nécessité pour vivre de soutenir la concurrence des grandes entreprises.

Elles reposent en réalité sur ce fait qu'elles entendent embrasser un large rayon d'action, et multiplier à la fois leurs branches d'exploitation et leurs Magasins de répartition.

Elles comportent l'établissement d'une direction commerciale centralisée et compétente nécessitant la responsabilité des employés de bas en haut de l'échelle, depuis le directeur jusqu'à chacun de ses gérants ou de ses commanditaires.

Elles entraînent une comptabilité très sévère et une administration souple au contrôle efficace mais non tatillon.

Elles tendent à résorber en elles toute l'activité coopérative d'une région, soit en assurant désormais le développement coopératif partout où le besoin s'en fait sentir, soit en fusionnant avec elles les Sociétés coopératives locales qui déjà existaient.

Elles empruntent en réalité au grand commerce évolué ses instruments et ses méthodes, mais elles font servir les uns et les autres au bien collectif des consommateurs au lieu d'en laisser l'usage exclusif aux intermédiaires ou à leurs commanditaires qui exploitent et possèdent les Sociétés commerciales privées.

Du reste, cette forme d'organisation est une question de vie ou de mort pour les Sociétés coopératives en présence de leurs concurrents capitalistes.

Les Coopératives à succursales dites Sociétés de fusion et de développement permettent la réduction du coulage par l'établissement de la responsabilité effective des gérants des boutiques, auxquels les produits sont livrés au prix de vente et dont ils sont redevables.

Elles permettent l'utilisation des compétences pour les achats, le choix des produits, leur présentation et la réduction, au minimum le plus bas, des frais généraux.

CHAPITRE III

DU ROLE DU MAGASIN DE GROS

Le Magasin de gros est l'organe par excellence, de coordination des efforts des Coopératives. Il représente la coopération au deuxième degré.

La constitution du Magasin de gros est une nécessité inéluctable du mouvement coopératif. Partout où les coopératives ont acquis une certaine force, il apparaît; dans tous les pays du monde où le mouvement coopératif s'est suffisamment développé, il prend force et vie. Il est un produit naturel, à un certain degré, du développement des forces coopératives.

Détail curieux, il est en fait soumis aux mêmes lois d'organisation et fonctionnement que les Sociétés coopératives de détail qui le constituent : répartition de ses excédents aux sociétés consommatrices au prorata de leurs achats, représentation aux Assemblées générales calculée d'après le nombre de Sociétaires de chaque coopérative, vente au prix du commerce de gros ou légèrement inférieur, constitution d'un avoir social collectif non remboursable aux Sociétés le composant et inaliénable, et nulle part il n'a échappé à ces règles.

Son premier rôle dans l'ordre chronologique est toujours d'ordre commercial.

Formé par les Coopératives de détail et chargé

d'abord de les fournir des marchandises au meilleur compte possible et en achetant en gros pour elles, il ne tarde pas à songer à produire ces marchandises. La coopération du commerce de gros se transforme rapidement en organisation de production au profit et pour les consommateurs et tous les domaines peu à peu l'attirant, le Magasin de gros se fait dès lors industriel et même agriculteur.

Mais, toutes ces opérations ne peuvent être engagées sans des ressources de plus en plus considérables qui limitent ou accélèrent son champ d'action. Ces ressources deviennent donc indispensables à son fonctionnement et doivent être si considérables que leur maniement devient une des fonctions essentielles, nous dirons même la fonction prédominante du Magasin de Gros.

Dans la création de la République coopérative, le Magasin de gros est appelé à jouer le rôle décisif. C'est en effet lui qui est chargé, non seulement d'établir la coopération destinée à remplacer le commerce de gros, mais c'est à lui qu'il appartient d'organiser la production, et pour ce faire, de s'assurer le maniement de tous les capitaux nécessaires. Il est commerçant de gros, industriel, agriculteur et banquier. Tel est du reste le rôle, qu'en fait, il acquiert dans tous les pays où il s'est constitué.

Voyons comment il pourra le mieux régler ces diverses fonctions avec le but constant de travailler à l'avènement d'une République coopérative.

A) La fonction commerciale du M. D. G.

Le Magasin de gros est fait par et pour les Coopératives. Il ne vend, du reste, qu'à elles, et si, au début, il a pu en certains pays admettre quelques coopérateurs individuels comme souscripteurs de son capital, il est devenu partout la propriété exclusive des Sociétés coopératives elles-mêmes.

a) IL NE DOIT PAS ÊTRE UN INTERMÉDIAIRE ONÉREUX. — Éliminer le commerce privé de gros, telle est la première besogne du Magasin de gros, c'est celle qui se présente d'abord à lui.

Pour remplir efficacement son rôle, à quels moyens d'action aura-t-il recours?

Et d'abord, doit-il se contenter de grouper les commandes des Sociétés, remplissant ainsi un rôle de courtier, ou au contraire, achètera-t-il, lui-même, produits et marchandises, quitte à les placer ensuite dans les Coopératives et, dans ce dernier cas, dans quelle mesure se verra-t-il obligé d'organiser lui-même des dépôts ou des entrepôts pour satisfaire à la clientèle coopérative ?

Du point de vue de la République coopérative en formation, le rôle du M. D. G. est naturellement de remplacer tous les rouages du commerce de gros et d'établir par conséquent tous les organes pour remplir cette fonction. Mais, d'autre part, il importe que pour les Sociétés coopératives de détail, il ne puisse être ni apparaître comme un intermédiaire inutile ou onéreux.

A ses débuts, le Magasin de gros est dans des conditions fort difficiles. Certes, s'il se contentait de grouper les commandes des Sociétés, ses risques seraient peu élevés mais les services qu'il rendrait seraient également minimes. Il lui arriverait à tout instant de manquer des achats les plus intéressants et aux moments les plus utiles, en attendant les acceptations d'achat des Coopératives intéressées. Ses opérations seraient forcément limitées à quelques articles et les plus grosses Coopératives de détail auraient fort peu souvent besoin de lui en raison de l'importance de leurs achats. Le M. D. G. est donc appelé à acheter à son compte et à revendre par la suite.

Certes, il peut également se contenter d'obtenir de certains fournisseurs des prix spéciaux ou des ristournes pour toutes leurs ventes dans les Sociétés, mais si ce procédé peut lui donner quelques ressources il n'aboutit nullement à la suppression des intermédiaires et ce ne peut être, là, qu'un système transitoire ou valable pour certaines marchandises que, faute de capitaux ou en raison du monopole de certaines maisons, le Magasin de gros, lui-même, ne pourrait acheter.

Mais, le jour où le Magasin de gros s'institue acheteur et vendeur, sa situation coopérative est plus délicate que celle d'un commerçant de gros ordinaire.

Le Magasin de gros n'étant qu'une association de Coopératives n'a d'autres clients, en principe, que ses propres associés. Mais ceux-ci présentent une double particularité : c'est d'abord de n'avoir qu'un engagement moral vis-à-vis de lui ; ils peuvent continuer à acheter en dehors du M. D. G. tout ce qui leur plaît et même ce qu'il vend ; ils ne lui achèteront donc que lorsque ses prix sont avantageux pour elles ; et, d'autre part, étant co-propriétaires de l'organisation, elles peuvent, dans les Assemblées générales, faire toutes les critiques et porter toutes les réclamations particulières même les plus injustifiées : c'est un commerçant qui serait subordonné à ses clients. Sans doute, elles sont engagées par leurs actions, mais celles-ci sont en nombre très limité et elles ne peuvent jamais qu'en perdre leur montant ; leur responsabilité est donc légère.

Si donc le M. D. G. fait des achats onéreux (et quel commerçant n'en fait pas), les Coopératives lui laissent sa marchandise pour compte et, cependant, il n'a pas le droit de les vendre à d'autres qu'à elles-mêmes. De là, la nécessité pour le M. D. G. de vendre aux prix du commerce afin d'égaliser ses chances de pertes et de gains. De là, aussi, la nécessité pour lui d'avoir des stocks.

Par voie de conséquence, le Magasin de gros sera donc inévitablement entraîné par les Coopératives elles-mêmes, désireuses d'être rapidement et sûrement fournies. Mais cette nécessité de stocks entraîne, pour lui, des frais généraux considérables et présente certains dangers.

Certes, il peut établir des entrepôts et il y aboutit rapidement ; mais pour que ceux-ci donnent des résultats, il faut qu'ils soient suffisamment vastes et suffisamment aménagés pour que leur fonctionnement revienne au plus bas prix possible. Or, pour cela, il lui faut engager des capitaux considérables en frais de premier établissement et fonds de roulement. Il lui faut surtout un écoulement important et la fidélité d'achat des Sociétés coopératives.

Il faut surtout qu'il installe ces entrepôts, d'après un plan méthodique, préconçu, dans les centres les mieux placés pour les transports, à la fois pour recevoir les marchandises et également pour les réexpéditions aux Coopératives dans les meilleures conditions possibles. Or, si une période de crise comme celle d'aujourd'hui où la marchandise est rare peut permettre d'agir presque à coup sûr, en temps normal, la situation est tout autre et si aucun écueil n'est insurmontable, sa tâche commerciale est souvent lourde.

Quand il se trouve en face de petites Sociétés, il lui est certes plus facile de les fournir, car, ne pouvant faire d'importantes commandes par unité de transport, c'est-à-dire des wagons complets, les Sociétés auront dans l'entrepôt de gros un soutien solide.

Mais ce n'est là qu'une période transitoire, l'époque de début pour la coopération. Quand, au contraire, il se trouve en face de grosses Sociétés, qui pouvant déjà faire d'importantes commandes, désirent elles-mêmes pour certaines denrées se couvrir, comme par exemple pour une campagne commerciale, il risque d'apparaître et même d'être quelquefois mal placé. Or, ne vendant qu'aux Coopératives, il risque de rester avec d'importants stocks.

De même, si l'entrepôt et l'organisation commerciale de gros est légitime, en nombreux cas, il lui faut s'adapter aux nécessités d'ordre commercial. Par exemple, tous les produits ou marchandises n'ont pas un prix national ni une origine nationale. Il faut que pour certaines denrées de production régionale : beurre pour les pays de pâturage ou marchandises arrivant dans certains ports, Marseille ou le Havre par exemple, il puisse donner une certaine autonomie d'achat à ses entrepôts.

De même, il lui faut éviter les transports inutiles et pouvoir expédier souvent telle marchandise de son lieu de production ou d'arrivage directement aux Coopératives intéressées afin d'éviter un double transport.

Il faut toutefois reconnaître que cela n'est pas toujours possible ni même habile, quoique cela puisse paraître paradoxal à un ignorant des pratiques commerciales. Il n'est pas toujours exact de penser que les meilleurs achats se font dans le lieu même de production. Par exemple, le M. D. G. français ayant créé un entrepôt d'achat dans un pays producteur d'œufs a simplement abouti à raréfier la marchandise et à déterminer une hausse constante des prix. Telle marchandise est vendue à des taux plus élevés aux acheteurs locaux qu'aux acheteurs réguliers et par grande quantité, placée sur un grand marché comme Paris.

Enfin, le M. D. G. fait le gros et le demi-gros pour les Coopératives de peu de grandeur; mais en face de grandes Sociétés, Sociétés à succursales, que peut-il se passer? Il peut fort bien arriver que les Coopératives de détail soient obligées, elles-mêmes, d'entreposer pour ravitailler méthodiquement et organiser les livraisons régulières de leurs boutiques; mais alors, les frais d'entrepôt de la Société de détail risquent de se combiner avec les frais d'entrepôt du M. D. G. et ainsi, se peut-il qu'un intermédiaire de trop soit créé.

Et voilà pourquoi la question des entrepôts si indispensables pour le M. D. G. dans l'élimination du commerce de gros, rend cependant sa tâche ardue.

Les Magasins de gros cependant y parviennent. Du reste il y a beaucoup de remèdes, les uns efficaces, les autres médiocres, pour essayer de porter remède aux difficultés.

C'est ainsi que, fort souvent, les M. D. G. ont intérêt à se servir au lieu d'entrepôts propres, au moins pendant un temps ou pour certaines marchandises, d'entrepôts de stockage ne leur appartenant pas. Grâce aux entrepôts publics, par exemple, ils peuvent éviter des mesures hâtives et attendre un développement suffisant. Toutefois, la solution présente l'inconvénient qu'on n'est point encore à l'étape de l'élimination de l'intermédiaire par la coopération.

C'est ainsi qu'a été préconisé et même pratiqué le système qui consiste à demander aux Sociétés coopératives de s'engager pour certaines marchandises à

l'achat exclusif ou par des quantités déterminées aux
M. D. G. de telle sorte qu'ainsi les M. D. G. ne cou-
rent plus ni le risque du marché et des prix, ni le laisser pour compte toujours très onéreux des Sociétés.

Certains coopérateurs ont même été jusqu'à préconiser que les Coopératives de détail s'engagent à se
fournir de tout et exclusivement au Magasin de Gros.
Quelques essais, mais pas très concluants, ont été faits
en ce sens. Le M. D. G. n'est pas toujours sûr, en raison même de l'insuffisance du développement, de pouvoir en temps, lieu et prix, bien placer les Coopératives
de détail. Or, ne l'oublions point, de même que le consommateur n'est pas fait pour la Coopérative mais la
Coopérative pour le consommateur, de même les Sociétés de détail ne sont pas faites pour le M. D. G., mais
le M. D. G. pour elles ; or, tant que deux organismes
sont en présence, Sociétés et M. D. G. et qu'il n'y a pas
un seul organisme avec la responsabilité commune et
des intérêts complètement identiques, la plupart des
Sociétés de détail se refuseront à faire cette confiance
aveugle à leur M. D. G.

Pour éviter également le danger d'être ou paraître
être un intermédiaire onéreux, quand il s'agit par
exemple de Sociétés obligées de faire le demi-gros,
il importe alors que le M. D. G. s'organise pour faire
le gros et le demi-gros et que la Société renonce à tout
stockage, à condition que le M. D. G. puisse garantir
la fourniture à toutes les succursales et même quelquefois entreposer des marchandises non achetées chez
lui et à condition de se couvrir seulement de ses frais.

Afin de rendre plus stables les transactions commerciales des M. D. G., ceux-ci ont été quelquefois poussés
à vendre en dehors de la clientèle coopérative leur surplus ou les marchandises dont les Coopératives ne voulaient point, soient qu'elles en fussent couvertes, soit
que le Magasin de gros ne se trouve pas bien placé.
Une intransigeance de principe ne serait point de mise
en pareil cas, car elle entraînerait aux pires catas-
trophes. Mais la pratique de cet expédient est bien
dangereuse, d'abord parce qu'elle est contraire à l'idée
même du M. D. G., seulement Coopérative des Coopé-

ratives. Puis l'exception peut devenir facilement sinon une règle générale, au moins une règle fréquente. Et on a vu des M. D. G. vendre alors en même temps d'excellentes marchandises à des organismes non coopératifs ou à des intermédiaires.

Enfin, pour lutter contre une centralisation qui ne laisserait aucune autonomie d'achat aux entrepôts et éviter également la liberté trop grande pour les Sociétés de négliger de se fournir au dépôt du M. D. G. parce que leur responsabilité n'est pas engagée, certains coopérateurs préconisent la création de fédérations régionales d'achat. Il est vrai que cette thèse se soutient, et surtout avec quelque raison quand, par exemple les M. D. G. sont à leur début ou pendant des périodes de crise. De là, une grande querelle coopérative de principes contre ce qu'on a appelé le centralisme et le régionalisme, le fédéralisme et le M. D. G.

Il semble bien que la vérité, variable dans le temps et l'espace, et évoluante comme la vie même, est faite de mesures transactionnelles ; la souplesse des organismes de décentralisation et l'autonomie relative des entrepôts des M. D. G. sont, peu à peu, les mesures qui s'imposent partout, en France comme ailleurs, comme le moyen de solutionner la question.

b) LES LIMITES DE SON RÔLE COMMERCIAL. — Si important que soit pour le Magasin de gros son rôle commercial, il est malgré tout limité.

Certes, il apparaît bien au premier abord que plus son chiffre d'affaires sera important et plus ses achats se feront par grandes quantités, meilleurs seront les résultats, mais cette loi exacte et valable d'une façon générale, ne l'est pas cependant entièrement.

Depuis longtemps les économistes ont mis en avant ce qu'ils appellent la loi du rendement non proportionnel et qui consiste à prétendre qu'au delà d'un certain chiffre d'affaires la progression des bénéfices obtenus ne croît pas avec celui-ci.

Nous avons du reste déjà vu qu'en ce qui concerne certains produits d'origine régionale qui, par des circonstances particulières sont à la disposition de telle contrée plus que de telle autre, les achats faits nationalement sur le dit marché peuvent être désavantagés non seulement par les transports qu'ils entraînent, mais même par les conditions de prix obtenues.

Ce qui est vrai des produits régionaux l'est, d'une façon générale, des produits agricoles qui, du reste pour la plupart ont cette origine régionale ; mais même pour ceux dont la production est répartie à peu près également entre tous les coins de la France, il arrive très fréquemment que l'achat par très grandes quantités n'aboutit pas à donner une économie au delà d'une certaine puissance d'acquisition.

C'est ainsi par exemple que pour le vin, et dès que l'on arrive à pouvoir acheter dans le Midi la cave entière d'un propriétaire, on est au maximum du résultat ; car au-dessus il faut alors diviser cet achat entre plusieurs propriétaires et la grandeur même des commandes ne donne plus d'avantages appréciables ; il est vrai que l'acquisition par très grandes quantités n'est pas permise à toutes Sociétés coopératives particulières, mais lorsque ces Sociétés elles-mêmes deviennent puissantes, rien à un moment donné ne peut les empêcher d'arriver à cet achat en bloc d'une cave complète. A ce moment-là donc, le Magasin de gros peut se présenter à leur égard comme un excellent courtier s'il a su se bien placer et acheter dans de bonnes conditions, mais c'est tout.

Dans une mesure moins large, ceci est encore vrai de beaucoup de marchandises provenant même de l'industrie ; dès que la commande dépasse la production de telle ou telle manufacture, le même non-rendement proportionnel se produit comme en matière agricole.

Il est toutefois exact de dire que, là, le champ d'action est beaucoup plus considérable et que même pour certaines marchandises, il reste illimité, surtout lorsqu'il s'agit de produits qui sont monopolisés entre quelques industries ou entre quelques grandes organisations capitalistes.

Il est un terrain où les avantages du Magasin de gros, si on les considère uniquement du point de vue de la grosseur des commandes, sont presque illimités, c'est pour tout ce qui concerne les denrées coloniales ou les denrées d'importation. En ce sens, rien jusqu'ici n'a pu être fait de complètement utile, même par les Magasins de gros les plus puissants (sauf par les Wholesale anglaises et écossaises), en raison du fret nécessaire qu'il faut s'assurer et qui ne peut être utilisé à son maximum que si l'on parvient à posséder les moyens de transport maritimes et encore à pouvoir les utiliser d'une façon constante, sans perte de temps ni de voyage.

B) Son importance pour la production.

a) LES RAISONS QUI POUSSENT LES M. D. G. A LA PRODUCTION. — Aussi, n'est-ce pas les transactions commerciales qui doivent être le but essentiel du Magasin de gros, mais il ne peut certes s'en passer. Il commence d'abord par être organisme d'élimination du commerce de gros et doit même continuer à l'être pour toutes denrées, car de même que la Coopérative qui ne vendrait que certaines marchandises et oublierait de mettre à sa devanture du sucre, sous prétexte que les majorations sont insuffisantes perdrait une partie de sa clientèle, de même, le Magasin de gros a besoin d'avoir à côté de son effort de production dont nous allons parler maintenant, des marchandises de toutes espèces et de toutes catégories qui ne sont que des objets de transaction de commerce.

Inévitablement du reste, le ou les Magasins de gros se lancent très rapidement dans le domaine de leur propre production. Ils y sont inévitablement poussés par le désir d'éliminer à côté du bénéfice commercial les profits industriels ; ils y sont conduits aussi par la nécessité de se libérer du joug des entreprises capitalistes qui très souvent se refusent à livrer aux Magasins de gros, leur font des conditions léonines ou même quelquefois les boycottent entièrement, surtout quand il s'agit de produits ou marques qui sont un véritable monopole. Leurs possesseurs peuvent préférer, de leur propre bonne volonté ou sous la pression des adversaires, ne vendre qu'aux intermédiaires privés.

Une dernière raison conduit du reste le Magasin de gros, en dehors des raisons de principe et du but même de la République coopérative, à réaliser aux fonctions de production. Il apparaît indispensable que le Magasin de gros puisse avoir des produits de même qualité et qu'il habitue les Sociétés à se fournir régulièrement ; il faut, en un mot, qu'il équilibre les besoins auxquels il est obligé de faire face d'une façon régulière et dont il ne peut être vraiment assuré que s'il les produit chez lui, s'il les fabrique dans ses propres usines ou ses manufactures suivant la volonté du consommateur, suivant les indications des Coopératives qui lui sont adhérentes. En cela, du reste, il contribue grandement à créer, peu à peu, cette République coopérative qui repose sur les besoins du consommateur organisant à son profit les moyens de les satisfaire.

Mais, sous quelle forme et par quels moyens les Magasins de gros organiseront-ils leur production ?

Un peu partout ils ont d'abord tâtonné avant de construire leurs propres industries qui, aujourd'hui dans le monde, suivant les climats ou les circonstances, sont de toutes espèces et de toutes catégories. Ils ont essayé de s'entendre avec des organismes « sœurs » qui, par leur constitution ou leur but, pouvaient leur vendre les marchandises ou produits nécessaires à leur clientèle de Sociétés coopératives dans les meilleures conditions.

De là, le grand mouvement qui a poussé le Magasin de gros à essayer de se fournir dans les Coopératives de production agricoles ou industrielles, soit qu'il fût pour elles simplement un client, soit qu'il s'introduisît dans l'affaire sous forme de participation de capitaux ou de contrôle dans la gestion, soit enfin qu'il eût cru plus utile pour le rendement de donner satisfaction aux désirs des producteurs, de faire naître lui-même des Coopératives de production autonomes, propriétés de ceux qui les constituaient et qui avaient avec lui simplement des marchés commerciaux ordinaires, mais vendant par priorité pour le même prix au Magasin de gros plutôt qu'aux intermédiaires privés.

Cependant, après de longues expériences faites sur tous ces terrains, il est peu à peu apparu à tous les Magasins de gros, que les Coopératives de production autonomes qui déjà, sans lui n'avaient qu'un avenir limité, n'étaient cause souvent que de conflits interminables, sans que les consommateurs puissent retirer des avantages précieux de ces relations de Coopératives de consommation aux Coopératives de production.

Nous croyons cependant qu'à ce point de vue il est bon de distinguer entre les Coopératives de production industrielle et les Coopératives de production agricole.

b) COOPÉRATIVES DE PRODUCTION INDUSTRIELLE ET MAGASIN DE GROS. — En France particulièrement, et pour une part moindre en Angleterre, les Coopératives de production ont eu pour elles bien davantage l'opinion publique et les gouvernements, que les associations de consommateurs ; elles ont été encouragées, elles ont correspondu à une volonté ouvrière d'émancipation et cependant, après un demi-siècle d'expériences, que sont-elles par rapport aux Coopératives de consommation.

Même en France où les Sociétés de consommation n'ont vu leurs progrès se dessiner sous une forme grandiose que depuis quelques années, les Coopératives de production leur sont encore bien inférieures. Quelques centaines de Sociétés comprenant chacune à peine quelques dizaines en moyenne d'ouvriers, un chiffre d'affaires infiniment inférieur à celui des Sociétés de consommation, tel est le bilan, le meilleur, dans un pays comme la France.

Rien d'étonnant du reste à cela, le champ d'action des Coopératives de production est très limité.

D'abord au point de vue capital, l'évolution économique conduit de plus en plus aux grandes industries qui nécessitent un capital fixe de plus en plus important proportionnellement au capital variable, c'est-à-dire un capital d'installation en machines et matières premières comparé au capital du fonds de roulement et surtout du paiement de la force de travail, c'est-à-dire des salaires.

Or, cette évolution économique met les Coopératives de production autonomes dans une très grande infériorité. Leur capital est toujours assez minime et restreint puisqu'il est fourni par les sociétaires. Elles sont donc nécessairement vouées à ne pas s'occuper des industries les plus évoluées et à se restreindre aux branches les plus régressives et les plus en arrière, économiquement.

La difficulté pour la Coopérative de production est également de renouveler son capital; or, plus nous allons, plus dans une entreprise il faut dans un délai extrêmement court le renouveler totalement. Les Coopératives de production ne peuvent agir que comme toutes les entreprises capitalistes. Elles ne peuvent trouver des sommes nouvelles que dans leurs bénéfices et alors, où elles réduisent à rien les avantages donnés au profit des travailleurs et des salariés qu'elles occupent et leur raison d'être comme Coopératives de production n'apparaît plus, ou elles mettent le maximum de côté; mais cela n'est pas encore suffisant pour pouvoir permettre qu'en cinq ou dix ans leur matériel et leur installation soient amortis, de façon à se tenir au courant du progrès et à produire dans des conditions avantageuses et favorables.

Au moment même où nous exposons la nécessité pour le Magasin de gros d'organiser sa production et la nécessité, non pas de Coopératives de production autonomes, mais d'organismes sous la dépendance de la collectivité des consommateurs, nous ne voulons pas tout de même dire que les associations de production n'ont pas un champ d'action, nous prétendons simplement qu'il est limité, limité à toutes les industries où il faut beaucoup de capital variable et peu de capital fixe. Par exemple, dans le bâtiment ou le transport par voitures ou automobiles, il peut y avoir un important champ d'action.

A côté du manque de capital et des difficultés de son renouvellement, il existe plusieurs autres obstacles à la naissance et à la vie des Coopératives de production. Entre autres, elles ne sont pas assurées de l'écoulement de leurs produits et de leurs marchandises.

Les Coopératives de production ne peuvent vendre

directement aux consommateurs ou à l'ensemble des travailleurs qui pourraient se trouver en relation avec elles. Elles sont fatalement obligées de passer par des intermédiaires, elles se trouvent donc, ainsi, peu à peu, subordonnées à la volonté des intermédiaires. Il se peut que l'on trouve dans le commerce quelques braves gens qui consentent à vendre les produits des Coopératives de production, mais, forcément, ce n'est pas pour eux sans une certaine contradiction. L'intérêt capitaliste du commerce n'a précisément pas d'intérêt à avantager et à favoriser les organismes de production libre qui reposent sur un principe absolument contraire à leur raison d'être, la course au profit.

Le commerçant fait la course au bénéfice, l'industriel fait la course au dividende; les Coopératives de production sont à l'autre pôle social.

Dans le passé, c'est ce qui a empêché la plus grande extension des Coopératives de production autonomes et c'est en même temps ce qui fait la différence entre un service de production du Magasin de gros et une Coopérative de production; là où il est, le Magasin de gros ne produit que ce qui est nécessaire à son fonctionnement et à sa clientèle; il est pour ainsi dire par avance presque obligatoirement assuré de l'écoulement des marchandises.

Ajoutons, du reste, que deux intérêts se trouvent, là, en contradiction; quand par exemple, les Magasins de gros ont essayé d'entrer en relations avec les Coopératives de production autonomes, ils se sont vite aperçus que celles-ci, très souvent, les plaçaient assez mal et même plus mal que le commerce privé; non seulement les Coopératives de production, vouées à une mauvaise technique par l'insuffisance de capital ne pouvaient sérieusement concurrencer les grandes organisations capitalistes similaires, mais les producteurs réunis dans leurs associations voulaient tout naturellement bénéficier immédiatement des avantages de leur organisation. Elles songeaient à vendre le plus cher possible leurs produits et y étaient poussés autant à l'égard du Magasin de gros qu'auprès des commerçants privés.

De cette collaboration n'est donc souvent résulté que des encouragements moraux pour des organismes qui n'en étaient nullement reconnaissants et même devenaient des agents de discrédit sur l'organisation des consommateurs. Pourtant celle-ci avait à se défendre, car lui fallait-il payer et faire payer plus cher les produits à l'ensemble des consommateurs, sous prétexte d'avantager quelques producteurs ?

L'intérêt le plus général ne doit-il pas passer par-dessus les intérêts particuliers et servir précisément de raison d'action du point de vue social ? Ce point de vue doit précisément être celui de la République coopérative en formation.

Sans doute, les Associations de production prétendaient abolir le salariat et les services fédéraux du Magasin de gros qui y sont organisés simplement comme des usines ordinaires qui font des producteurs des salariés sans apporter primitivement de modifications à l'organisation générale du travail, mais la transformation de l'organisation du travail dans les services de production du Magasin de gros n'est pas insoluble, nous l'avons vu ; en tout cas, les Coopératives de production n'abolissent le salariat qu'en apparence. Est-ce une organisation générale sociale groupant un ensemble de salariés ? C'est en réalité de petits groupements émancipant simplement quelques hommes, en faisant plutôt des privilégiés et en général quelques patrons collectifs.

Si du reste on supposait les Coopératives de production plus nombreuses, s'organisant telles qu'elles l'entendraient, suivant la volonté des intéressés, nous aboutirions (et on y aboutit déjà en certains milieux) non plus à la course au profit entre groupements de travailleurs, mais à la course au profit entre travailleurs, ce qui, moralement, est beaucoup plus grave et n'apporte aucune solution sociale.

L'extension donc des Coopératives de production est limitée ; elles sont réduites à agir dans les cadres de la Société actuelle, et la meilleure preuve c'est que leur principe de base est le contraire de celui des associations de consommation. Celles-ci tendent à une extension indéfinie, tout sociétaire nouveau est le bienvenu et est un avantage pour tous. A la Coopérative de production autonome, tout sociétaire nouveau viendra prendre une part du travail et par là même chacun des associés en aura moins. En maintes circonstances, les associations de production ont abouti, d'abord, à prendre des adhérents qui devenaient bientôt des auxiliaires exploités comme de simples ouvriers; il ne s'agissait plus alors, sous le couvert d'un nom, que d'une organisation capitaliste faite par d'anciens travailleurs réunis et exploitant alors leurs camarades.

c) COOPÉRATIVES DE PRODUCTION AGRICOLES ET M. D. G. — Nous tenons à distinguer les Coopératives de production industrielle et les Coopératives de production agricole. Ce n'est pas cependant que dans les efforts tentés jusqu'ici pour relier les Sociétés de consommation ou groupements de producteurs agricoles, les expériences aient été beaucoup plus heureuses qu'en matière industrielle. En France, pendant de nombreuses années, un effort fut tenté pour réunir autour d'une même idée coopérative les Sociétés coopératives de consommation de Paris et les Coopératives de production de vin du Midi de la France. Une campagne fut menée à ce sujet à travers tout le pays. Des membres des deux formes d'organisation se rendirent des visites, se jurèrent une mutuelle et fraternelle amitié, des contrats furent passés entre les organisations de ces deux catégories et, comme à cette époque on se trouvait, en France, dans une période de mévente de vin et d'une crise terrible, il fut entendu que les Coopératives de consommation de Paris achèteraient aux Coopératives de production de vin toute leur récolte et la paieraient même 2 francs plus cher l'hectolitre que le commerce privé. Les premières années, tout se passa dans les meilleures conditions possibles, mais le jour où la mévente des vins cessa, où les récoltes furent moins abondantes et où les prix augmentèrent, malgré tous les contrats passés, les intéressés se refusèrent à livrer la marchandise, ne se contentèrent plus des prix offerts et préférèrent profiter des spéculations de hausse du commerce que de livrer aux Sociétés coopératives qui pourtant, à leur tour, étaient victimes d'une crise commerciale.

Certes, une hirondelle ne fait pas le printemps et on ne peut tirer de ce seul exemple une règle complètement définitive. Cependant, dans cette question, s'est pourtant montré l'antagonisme entre les deux formes d'organisation : l'une songeant aux consommateurs et l'autre aux intérêts plus restreints de ceux qui la composaient, uniquement à l'intérêt des producteurs du vin.

Il faut du reste reconnaître que les difficultés sont peut-être survenues de ce fait que les Coopératives, dites de production agricole, n'étaient en réalité que des Coopératives de transformation des produits agricoles. Non seulement la terre et les vignes restaient la propriété de chacun des membres des associations, mais très souvent il ne s'agissait que d'une association pour la vente en commun, et par là même, d'un terrain commercial forcément en antagonisme direct avec le but des Coopératives de consommation.

Est-ce une raison de désespérer ? Nous ne le pensons pas, car si nous croyons que les Coopératives de consommation peuvent, comme l'ont fait les Wholesale anglaises et écossaises, par l'intermédiaire de leur Magasin de gros, acquérir leurs fermes, produire leur propre vin, leur propre blé, leurs propres œufs ; si nous croyons surtout que par exemple les entrepôts de viande, les fromageries, les usines pour l'utilisation du lait doivent être créés par les consommateurs ; si l'on veut que la collectivité la plus générale en profite, il faut aussi comprendre que l'avenir de ces organisations ne peut exister que si une collaboration étroite s'établit entre les Sociétés de consommation et les productions agricoles.

Il faut aussi songer à la difficulté de faire rendre à la terre son maximum dans certaines cultures où il ne peut s'agir de grandes exploitations capitalistes mais forcément, de petites entreprises mieux adaptées, même techniquement, en raison du climat, de la variété du sol et de la conformation géographique et économique du pays aux difficultés d'exploitation de la terre.

Comment pouvoir établir cette collaboration des productions agricoles et des consommateurs? Certes, dans une très large mesure, c'est seulement à l'époque où les travailleurs des champs auront été conquis eux-mêmes à l'idée de l'association des consommateurs et en seront devenus membres que le problème sera plus facilement solutionné.

Il semble que ce soit bien là la vérité, quand on songe à ce petit pays du Danemark où ont marché de pair les Coopératives de consommateurs à la campagne et les différentes Coopératives de production agricoles. Ceci s'est accompli dans un rayon limité il est vrai, mais l'expérience est définitivement acquise. Nous sommes là dans la contrée d'Europe où précisément l'idée coopérative sous toutes ses formes et en comparaison du nombre des habitants est arrivée à son maximum.

L'avenir seul pourra donc, en cette matière, déterminer comment les Magasins de gros pourront, soit par eux-mêmes, soit par l'intermédiaire des Sociétés de consommation de détail dont feront partie les producteurs, aboutir à une solution méthodique et rationnelle, à une organisation sérieuse qui ne fasse pas de chaque producteur agricole, l'adversaire de cette Société de consommation et de son organe de coordination des efforts dont il pourra être, lui-même, membre.

Mais, ces réserves faites, il n'en reste pas moins exact que le Magasin de gros devra donc, de toutes ses forces, organiser ses services industriels et agricoles, quitte même, pour le surplus, à trouver les combinaisons économiques sérieuses, là où ce sera nécessaire, pour s'entendre, d'une part, avec les Associations de production industrielle et, d'autre part, avec les Associations de production agricole. La solution serait peut-être non seulement dans la reprise des Coopératives de production par le Magasin de gros, ce qui, en maintes circonstances s'est fait, mais d'aboutir en réalité à la disparition totale des associations de production, ou encore pour débuter engager les choses par des œuvres et entreprises gérées en commun. Par exemple, en ce qui concerne les entrepôts de viande, s'ils appartiennent uniquement aux consommateurs et s'ils sont placés dans une région agricole déterminée, il peut arriver fort bien ceci, c'est que l'entrepôt de viande coopératif raréfie le produit, détermine une hausse au profit des producteurs sans que le consommateur puisse en quoi que ce soit bénéficier de la nouvelle organisation. Si au contraire ces entrepôts appartenaient à des Associations de producteurs, nul doute que le consommateur ne soit pas plus avantagé qu'avant. N'y aurait-il donc pas lieu de prévoir, à ce point de vue, des entreprises mixtes ? Déjà, en matière de production industrielle, on a admis l'idée que, pour les Associations de consommateurs, les Magasins de gros pouvaient prendre des actions des Associations de production, pouvaient même s'y assurer la majorité pour précisément affirmer le principe de la consommation organisant la production, pouvaient en tout cas collaborer à la gestion, en raison même du fait qu'ils étaient les meilleurs clients, pour devenir même un jour le client exclusif.

d) GRANDE ET PETITE PRODUCTION. — Dans quel ordre et suivant quel plan d'ensemble les Magasins de gros doivent-ils se lancer dans la voie de la production ? Rien de plus grave pour eux que d'émietter leurs efforts et surtout de ne pas tenir compte des conditions générales de l'évolution de l'économie industrielle.

Il ne suffit pas de dire pour eux que pour la satisfaction des besoins de telle marchandise, ils sont dès lors en mesure de dresser leurs propres industries coopératives ; ils risqueraient fort, alors, de constituer de petites usines, de petites manufactures, de petits ateliers qui ne correspondraient nullement au degré de perfectibilité de l'industrie en général. Leurs prix de revient seraient plus élevés qu'ailleurs, leurs marchandises reviendraient à des prix si élevés que les Sociétés de consommation, et par leur intermédiaire les consommateurs, ne verraient pas les avantages de la production faite à leur profit.

Le bénéfice fait par l'expropriation du profit privé serait annihilé, par l'infériorité de la technique coopérative sur la technique des organisations industrielles capitalistes.

Le premier souci donc des Magasins de gros dans leurs productions est de les organiser dans les branches où il est possible de porter le rendement à son maximum et où ils sont sûrs d'être à la tête même du progrès par la certitude d'un rendement suffisant.

Cela ne veut pas toujours dire qu'ils sont obligés de se livrer à la grande industrie et qu'ils doivent, même dans une seule usine et dans un seul endroit, concentrer toute la force de leurs productions; il est même à ce point de vue là, peut-être nécessaire de tenir compte des régions et de comprendre que, là, également, la loi du rendement non proportionnel joue et que la plus grande industrie n'est pas toujours la meilleure.

Fabriquera-t-on, par exemple, du chocolat, confectionnera-t-on des chaussures, il faut que chaque unité coopérative, chaque usine corresponde à un maximum de rendement avec un maximum d'utilisation de force.

En raison des difficultés de transport, en raison même des comparaisons à établir entre les différentes usines et de l'émulation entre elles, en raison enfin des différences de production dans chaque région, de la qualité de la main-d'œuvre et des difficultés de se procurer des matières premières, il faut avoir un grand plan méthodique. La production donc des Magasins de gros doit être engagée à longue échéance, non pas au jour le jour et sous une forme empirique. Elle nécessite par là-même une connaissance approfondie non pas seulement des marchandises, mais une prescience de l'évolution industrielle, de ses bouleversements, de ses modifications techniques, de ses changements de lieux.

N'oublions toujours pas du reste que les Magasins de gros, quand ils entreprennent la production, doivent avoir pour but la satisfaction des besoins; si par exemple, sous prétexte de la marque coopérative, de la marque du Magasins de gros, ils n'arrivaient à produire qu'une seule espèce de marchandise comme chaussures, s'ils n'arrivaient à fabriquer qu'une seule qualité de chocolat ou qu'une espèce de pâtes alimentaires, ils obtiendraient peut-être des résultats efficaces, mais ils restreindraient par là même leur extension. Le point

de vue du rendement supplanterait le point de vue du
besoin satisfait. Ce serait, là, une entorse sérieuse à
l'idée même d'une République coopérative totale.

Il est vrai de dire et nous le verrons dans le chapitre
suivant, que cette hypothèse ne peut surgir que par le
fait même que le Magasin de gros a une existence spéciale, différente de celle des Sociétés de consommation
et ceci nous conduira tout naturellement, à parler de la
Société que nous qualifierons « La République coopérative » et qui réunirait dans une unité organique les
Sociétés de détail et les organisations Coopératives de
gros.

C) La base financière du Magasin de gros.

Ce n'est point certes à ses débuts, que le Magasin de
Gros apparaît comme organisation financière; tous les
Magasins de gros, comme toutes les Sociétés coopératives, se sont créés avec les capitaux les plus modestes.
Les Sociétés même quand elles sont très bien disposées,
quand leur sentiment coopératif est très élevé, ne peuvent mettre des sommes bien importantes, quand elles
les ont, à la disposition de l'organe de coordination
des efforts du M. D. G.

La grande faiblesse des Magasins de gros est donc, à
leurs débuts, les modestes sommes d'argent dont ils
disposent. Trop souvent, les difficultés financières surgissent pendant de longues années pour faire face aux
échéances, pour obtenir un crédit qui ne soit pas trop
coûteux, pour pouvoir, dans des conditions avantageuses, faire des achats en temps et en lieu.

Aussi, dès que la stabilité commerciale est obtenue,
la préoccupation des Magasins de gros est de s'assurer
les fonds les plus importants possibles et, chaque fois
que de nouvelles ressources sont trouvées, il faut immédiatement en trouver d'autres; mais on a beau augmenter le nombre des actions à souscrire par les Sociétés, on a beau faire appel au versement intégral des
capitaux souscrits, on a beau prévoir dans les statuts
les fonds de réserve les plus considérables pour le

développement, on a beau, même quelquefois, faire renoncer par les Sociétés pendant quelques années aux ristournes de leurs achats, tout cela ne suffit pas encore et il semble vraiment que l'histoire des Magasins de gros soit, au point de vue financier, une histoire de tonneau des Danaïdes.

Mais alors, surgit une idée comme une nécessité inévitable. Il faut des capitaux. Il faut des capitaux répète-t-on à chacune des Assemblées générales et pour les trouver, l'idée de créer une Banque coopérative surgit dans tous les esprits; banque destinée à recevoir en dépôt, ici, les fonds des Sociétés, là les fonds individuels des coopérateurs et pouvant même peu à peu, se livrer à toutes les opérations du commerce de banque généralement très lucratives et qui donnent les possibilités de crédit nécessaires.

Créera-t-on la Banque coopérative sous une forme autonome ou en fera-t-on simplement un service des Magasins de gros; tel est le problème ressassé, discuté par tous les mouvements coopératifs de chaque pays en des sens divers, mais de plus en plus on va vers la solution des Magasins de gros organisant leur banque tout en lui laissant une grande autonomie.

La Banque indépendante présente évidemment l'avantage très sérieux de se différencier des services commerciaux et industriels, elle acquiert plus de solidité et plus de ressources. Contrôlée par les Sociétés qui la constituent, elle conquiert même plus de confiance au Magasin de gros lui-même. Mais il faut bien le dire, elle présente aussi le désavantage énorme de ne pas être partie intégrante de l'organisme auquel elle est destinée. Elle peut parfois être appelée à dévier du but qui l'a fait naître. Elle peut, de même que les Sociétés voient se créer des conflits entre Magasins de gros et de détail, voir se créer des conflits entre elle et le Magasin de gros, résultat inévitable de groupements séparés et distincts.

Puis, le jour où le Magasin de gros, lui-même, a acquis assez d'autorité, a la certitude de sa vie, où ses progrès et son avenir semblent certains, les dangers même d'une banque sous son contrôle disparaissent ou diminuent. Ainsi, peu à peu, la coopération revient au point de départ et retourne à l'idée de la Banque, service de son organe central de coordination. Après tout, n'est-ce pas conforme à l'idée même de la République en formation ?

Ajoutons que les bénéfices mêmes de la banque, résultat des capitaux accumulés et non pas seulement des sommes à elle confiées, constituent un fonds de développement, une élimination de l'intérêt de l'argent, bien conforme du reste à la suppression des « revenus sans travail » que recherche et poursuit le mouvement coopératif, mais ce but-là s'identifie avec celui de la suppression du profit ou de la suppression du bénéfice commercial et n'est-ce pas dans le même sens que doivent tendre toutes les institutions coopératives.

Enfin, le Magasin de gros a, lui-même, des fonds de développement. Il est obligé tous les jours de se livrer à des transactions commerciales qui nécessitent l'intervention des banques, il ne peut vraiment être assuré de les utiliser au maximum que s'il sent cette banque sous sa dépendance.

Du reste, il n'est peut-être pas impossible d'éviter les plus gros écueils où le plus grand argument opposé à l'idée de la Banque, service des Magasins de gros, est, dit-on, dans le danger de services commerciaux industriels et d'un service financier réunis en une seule direction. Il est dans ce fait que la banque pour vivre a fait appel non pas seulement aux sociétés mais à l'épargne des coopérateurs. Elle se livre à des opérations de banque, elle reçoit particulièrement des dépôts ; or, a-t-on fait justement remarquer, il n'y a pas que des dépôts à terme beaucoup plus intéressants que les dépôts à vue, sans du moins, que ces derniers ne soient autorisés dans une certaine mesure ; or, il peut ne pas y avoir équilibre entre les sommes tout de suite recouvrables, qui peuvent être réclamées par suite d'une crise ou d'une panique et les sommes dont le dépôt à temps long est assurée ; cela ne s'obtient qu'avec de constants efforts, une longue propagande et déjà une extension importante.

On peut donc craindre que les capitaux de la banque soient mélangés à l'organisation industrielle et commerciale, car, inévitablement, si les Magasins de gros ont besoin de crédit, si pour leur développement, pour leurs opérations immédiates de crédit avec leurs fournisseurs ou avec les Sociétés qu'ils fournissent, si surtout pour pouvoir s'installer, pour pouvoir créer de nouvelles branches, ils utilisent ces fonds, ceci est extrêmement dangereux; il s'agit, ne l'oublions pas, d'argent simplement déposé et qui peut être réclamé à tous moments ou dans des temps très proches.

Toutes précautions doivent donc être prises en ce sens et il faut donc séparer, d'une façon très distincte, les opérations commerciales, industrielles des Magasins de gros des opérations financières des services de banque.

Les Magasins de gros aboutissent, dans leur préoccupation de bien mener l'affaire du point de vue coopératif et sous le contrôle même des Sociétés, à rendre très autonomes ces diverses branches, mais, d'autre part, peu à peu, la vie même de tous les services nouveaux, le développement du mouvement coopératif en son Magasin de gros, devient fonction même de l'argent dont il dispose et c'est en vérité la partie financière du Magasin de gros qui devient prépondérante; de ce jour-là, le Magasin de gros qui n'était d'abord qu'une affaire commerciale, qui ensuite devient une affaire industrielle et est obligé d'être une institution bancaire, doit subordonner en réalité les deux premières étapes de son action à la dernière, devenue peu à peu prédominante. Et ainsi, nous sommes conduits à cette idée que le Magasin de gros devient en réalité une banque, la Banque des Coopératives ayant en face d'elle des services commerciaux et des services de production auxquels elle donne les crédits nécessaires, dans les limites mêmes de ses disponibilités.

Cette évolution de l'entreprise Coopérative de coordination des efforts permet peut-être de prétendre que la République coopérative nouvelle sera par là même et avant tout, une organisation financière subordonnant à elle-même l'organisation industrielle ou commerciale.

CHAPITRE IV

———

LA RÉPUBLIQUE COOPÉRATIVE
LA SOCIÉTÉ

Qu'est-ce donc que la Société coopérative nationale que nous appellerons, d'ores et déjà, la « République coopérative ».

A) L'évolution vers la Société nationale.

Certes, il ne suffirait pas d'en décréter la nécessité ou même d'en constituer l'organisme pour que *ipso facto* la « République Coopérative » totale, telle qu'elle est décrite dans ce volume, se trouve réalisée. Nous entendons par « la République coopérative » une Société qui absorberait dans son activité les fonctions aujourd'hui remplies par les Sociétés de développement et les fonctions remplies par les Magasins de gros, tant en ce qui concerne leur tâche d'ordre commercial que leur tâche dans le domaine de la production industrielle, agricole et financière.

Il semble bien que la Société « République coopérative nationale », soit la fin même de l'évolution du mouvement coopératif.

Nous avons montré comment des Sociétés locales

particulières on aboutissait, peu à peu, aux Sociétés régionales ; mais les mêmes raisons qui ont milité en faveur de la création de ces grands organismes : raisons de concurrence d'une part, raisons de fins coopératives, raisons de rendement maximum immédiat, d'autre part, sont également vraies pour justifier et pour réclamer la création d'une Société nationale. Jusqu'ici, certes, dans tous les pays du monde, il y a peu d'exemples de ce genre; toutefois, il semble bien que la Handgyar hongroise soit une Société de ce type et il est également vrai qu'en Russie, à l'heure où nous sommes, non pas par la volonté des coopérateurs, mais plutôt par les impositions du Gouvernement ou tout au moins sous sa contrainte, on aboutit à un résultat similaire.

Il est en tout cas vrai que l'un des plus grands hommes de la coopération anglaise, mort aujourd'hui, le Secrétaire général de l'Union Gray, s'est fait pendant des années le protagoniste d'une Société unique pour l'Angleterre englobant dans son sein toutes les Sociétés de détail et les Wholesale anglaises et écossaises.

En tout cas, la logique même des choses, en même temps que l'évolution naturelle, doit faire naître l'idée et la volonté de cette réalisation, mais du jour où une Société coopérative nationale unique de détail se serait créée, on peut se demander alors pourquoi les Magasins de gros ayant de leur côté, peu à peu, fourni les Sociétés de détail de la totalité de leurs besoins, pourquoi ces Magasins de gros conserveraient-ils une autonomie particulière, pourquoi auraient-ils une vie juridique à part ? Il est fatal que devenus propriété d'une seule Société, il y aurait tout lieu qu'ils se confondent avec elle, mais ceci ne peut-il se concevoir dès maintenant, alors même que toutes les Coopératives ne sont pas réunies en une seule, alors même qu'en beaucoup de cas, les Magasins de gros ne sont pas le fournisseur exclusif ?

Quand nous préconisons la constitution de la République coopérative Société nationale unique, nous ne voulons pas dire par là qu'il s'agit de l'imposer par la force, nous ne disons pas davantage qu'il faut attendre que toutes les Sociétés qui en ont jugé l'utilité, sentent le besoin d'en réclamer la réalisation. On peut essayer de la mettre debout entre toutes les Coopératives de bonne volonté; il n'est même pas indispensable que cette Société nationale unique ait immédiatement résorbé en elle le Magasin de gros ou les Magasins de gros; on peut imaginer que la République coopérative peut vivre à côté des Magasins de gros avec l'espoir seulement un jour de voir l'unité entre ces deux organisations.

Enfin, le plus plausible peut-être serait de concevoir, dès maintenant, la République coopérative faite entre les Magasins de gros et les Sociétés de détail qui le voudraient; mais le M.D.G. n'en continuerait pas moins sa tâche pour le gros, en ce qui concerne les Sociétés de détail qui resteraient en dehors de la République coopérative.

B) Les avantages.

Les avantages de la République coopérative apparaissent à première vue, aussi bien d'un point de vue matériel que d'un point de vue moral, comme extrêmement importants.

Et d'abord, tous les coopérateurs français se trouveraient sur un même pied d'égalité. Qu'ils habitent Lille ou Carcassonne, qu'ils soient Bretons ou qu'ils soient Lorrains, ils seraient coopérateurs de la même espèce, avec les mêmes devoirs et obtenant de la coopétion les mêmes avantages.

Est-on vraiment coopérateur pour le titre de sa Société? Qu'elle s'appelle, ici « l'Aurore » ou là « la Sentinelle », on est coopérateur aussi bien pour les avantages immédiats économiques que pour le but social final, dans les mêmes conditions et pour les mêmes raisons.

Une solidarité coopérative nationale s'établirait peu à peu entre tous les coopérateurs; solidarité morale qui permettrait à chacun de pouvoir défendre, non plus d'un point de vue particulier mais en élargissant les esprits, les idées mêmes qui doivent être à la base du mouvement coopératif.

Plus de pertes ou de gains dus à des circonstances particulières, plus de privilèges ni de désavantages particuliers, une œuvre commune à laquelle chacun se sentirait attaché, œuvre commune qui ferait que sans transfert d'action, sans statuts différents, sans méthodes spéciales, tout coopérateur pourrait se transporter d'un bout de la France à l'autre, sentir les mêmes frères et les mêmes « camarades » coopérateurs.

Quand on songe que les principes coopératifs sont aujourd'hui nettement établis, qu'ils ne diffèrent point d'une Société à l'autre, que seules, des modifications de détail, absolument secondaires, séparent les Sociétés les unes des autres, que souvent les différences ne sont faites que d'erreurs, de préjugés, de traditions primitives ou de maladresses, il semble bien que la République coopérative faite sur des bases résultant de l'expérience générale, aurait les meilleures chances d'empêcher toutes les difficultés. Elle éviterait tous les écueils et permettrait également toutes les suggestions, toutes les réformes possibles qui, ici, pour être admises, auraient besoin d'un plus grand nombre de suffrages, mais pourraient par là même, être mieux étudiées et n'être appliquées que dans la certitude de leur réussite.

Il est également une autre raison qui nous paraît légitimer la Société nationale unique, et celle-là, non plus du point de vue de l'unité des Sociétés entre elles, mais des rapports des Sociétés de détail avec leur organisme de gros.

L'existence de deux organismes séparés, l'un de détail, l'autre de gros, conduit malgré tout, à ce que, comme tout organisme vivant, chacun songe d'abord à sa propre défense et à sa propre vie. Il s'ensuit, par là même, que les intérêts du groupement de détail et les intérêts du groupement de gros qui devraient être en tous les cas identiques (puisque l'un est composé des éléments de l'autre), peuvent déterminer des conflits possibles entre des intérêts qui semblent s'opposer à un moment donné.

Le Magasin de gros (et c'est le cas le plus fréquent), tout naturellement, cherchera d'abord son propre intérêt, l'intérêt de son organisme; ceux qui le dirigent ou ceux qui sont à la tête de ses services, dans l'intérêt même du Magasin de gros, en remplissant le plus heureusement possible les fonctions auxquelles ils sont appelés, feront, en maintes circonstances, attention à tirer, comme le dit une expression courante, la couverture à eux et à réaliser le plus d'avantages possibles en toutes circonstances, sans aucun sacrifice pour l'organisme de gros, et même au détriment des Sociétés de détail.

A l'autre bout de la lunette, si nous osons dire, chaque Société de détail (elles sont nombreuses en face du Magasin de gros), verra son intérêt propre. Elle cherchera à être plus avantagée par l'organisme de gros en utilisant sa position géographique, l'influence du milieu; chaque Coopérative tendra donc à tirer du Magasin de gros le plus possible pour elle sans s'occuper des autres et même à ne considérer que son avantage propre sans se soucier de celui de son organisme de gros. Bien des fois, des Coopératives sont ainsi appelées à acheter en dehors même de leur organisation de gros, ne voyant que leur avantage immédiat. Le Magasin de gros aurait-il fait par exemple un mauvais marché, la Société de détail essaiera de ne pas en subir les conséquences ; de même que tel directeur ou service du Magasin de gros se souciera fort peu des résultats d'un contrat passé avec elle qui mettra la Société de détail dans l'impossibilité de lutter contre le commerce privé. Il en appellera purement et simplement à l'exécution du contrat.

De la meilleure foi du monde, du reste, représentants du Magasin de gros ou représentants de la Société de détail croient avoir raison et incriminent l'autre partie.

La dualité des organisations met quelquefois des œillères sur les yeux et empêche de voir l'intérêt général du mouvement.

Enfin, la République coopérative, société nationale résorbant le détail et le gros, multiplierait sans aucun doute les avantages commerciaux que déjà la coordination des efforts assure aux grandes Coopératives.

Le progrès attire le progrès, le succès suscite le succès. La République coopérative serait un admirable centre d'attraction, même pour ceux-là qui n'ont pas encore rejoint l'organisation des consommateurs. Elle serait bientôt connue de tous, elle apparaîtrait peut-être un peu comme un état dans l'Etat ou plutôt comme une Société économique dans la vie politique du pays.

Avec elle, ce ne sont point seulement la diffusion des services commerciaux, les organisations de production qui seraient multipliées, c'est sa situation financière qui serait stabilisée et fortifiée. Les capitaux viendraient en bien plus grande quantité. A elle l'épargne ouvrière L'épargne du peuple ne manquerait pas d'aller vers ses caisses afin de lui permettre de grandir et de se développer.

Enfin, la République coopérative dressée en face du commerce privé apparaîtrait comme l'instrument réel d'émancipation. C'est la diversité même des associations de consommateurs qui leur interdit aujourd'hui d'être une force sociale en face le commerce privé ; la République coopérative se présente donc aux yeux du consommateur comme une nécessité inéluctable, comme un besoin nécessaire, comme l'instrument même de l'idéal que la coopération entend préparer.

C) Unité et décentralisation.

A cette République coopérative, en vérité, que peut-on opposer? Certes, de même pour les grandes Sociétés régionales, de même pour les Magasins de gros, les difficultés sont énormes. Amour propre blessé, sentiments localistes, traditions, autant d'écueils qu'il faut éviter, mais, là, rien d'impossible à surmonter; certes, pour que la République coopérative vive, il ne faut pas confondre unité et centralisation. Si la République coopérative n'était qu'un Empire coopératif, elle devrait en avoir tous les défauts, toute la bureaucratie, toutes les faiblesses, toutes les institutions coercitives et ce n'est point du tout ainsi que nous la concevons.

Dans l'unité organique créée, il faudra au contraire tenir compte, et des diversités locales, et des intérêts régionaux, et des besoins centraux; il faudra que dans la République coopérative, la gestion, l'administration soient très largement décentralisées, que ce soit au contraire l'autonomie la plus large et le contrôle le plus diversifié qui s'exerce. Problèmes pratiques de grande importance sans doute, mais que justement chaque coopérateur et chaque militant devra essayer, peu à peu, de résoudre non pas théoriquement, mais à l'expérience des faits, à cette expérience des faits qui ne pourra se produire que dans la République coopérative une fois née. A quand donc, en France ou ailleurs, la naissance de la Société nationale qui, formée, contiendra en elle-même le grand Idéal du lendemain.

CHAPITRE V

L'ORGANISATION INTERNATIONALE DES ÉCHANGES

La République coopérative est à base nationale, mais une autre question ne manquera pas de venir à l'esprit. Tous les arguments qui militent en faveur d'une seule Société nationale ne sont-ils pas également valables pour la constitution d'une République coopérative internationale ?

Sans vouloir répéter l'idée même de cette République coopérative internationale qui doit en effet apparaître comme le but suprême de l'humanité, le jour vraiment où une ère nouvelle se créerait sur cette terre, il faut reconnaître que la réalisation en est plus éloignée.

En effet, pour qu'elle puisse naître, il faudrait que préalablement, dans chaque pays, se soit déjà constituée une République nationale, c'est alors seulement qu'entre ces Sociétés pourra se créer une unité supérieure.

Tant que chaque vie économique nationale ne sera pas résorbée en son entier par les nouvelles Républiques coopératives, le problème ne se posera point efficacement. Et malheureusement, il n'est encore aucune Nation au monde où la République coopérative soit instaurée. Comment donc alors pourrait-elle se constituer cette République coopérative internationale.

Sans doute, il n'est point besoin pour créer entre les diverses Républiques coopératives de chaque pays en formation des liens puissants, d'attendre partout leur réalisation totale et qu'ils aient entraîné une refonte totale de tous les autres supports sociaux.

. Il est bien entendu aussi que l'unité de coopération mondiale ne se conçoit pas plus que l'unité nationale sans qu'un ensemble d'institutions laissent à chaque Nation la possibilité d'utiliser et d'exalter les tempéraments divers dus à la nature des choses, aux caractères des hommes et aux traditions des mœurs et des habitudes d'esprit.

Mais si déjà les différences sont grandes dans un pays par rapport aux diverses régions qui le composent, elles le sont certes plus quand, il s'agit de l'humanité en face de toutes les nations ou même de quelques-unes d'entre elles.

Quoi qu'il en soit, c'est dans cette voie qu'à travers le temps, la Société humaine marche. Les manifestations en ce sens, qui, aujourd'hui, trouvent leur écho dans la Société politique des Nations, ne manqueront pas d'avoir leurs répercussions économiques. Ne parle-t-on pas déjà de la coopération économique des peuples ?

Et, d'autre part, la coopération économique peut, elle, s'imaginer comme portant en elle des résultats efficaces, si, précisément, elle ne s'accomplit pas entre les institutions qui, dans chaque pays, reposent sur l'idée de coopération et non de compétition économique et n'est-ce point sous cette forme qu'elle peut prendre un caractère positif.

De là donc, des problèmes internationaux dont la solution peut conduire à cette hypothèse d'une République économique universelle, ou tout au moins, à l'organisation internationale des échanges et à l'idée d'un Magasin de gros coopératif international.

A) La guerre économique par le protectionisme et le libre échange.

Aujourd'hui, les rapports économiques entre les Nations reposent d'une façon constante et courante, sur le principe de la guerre économique.

Ce n'est pas seulement dans chaque Nation que le régime capitaliste et compétitif actuel est une forme particulière de guerre entre les individus, il l'est bien davantage sous la forme internationale et les mêmes arguments que l'on peut faire valoir contre lui nationalement, le sont encore internationalement.

C'est ce qu'a affirmé avec beaucoup de force la Conférence des Coopératives interalliées et neutres à Paris, en juin 1919, où plus de vingt Nations étaient représentées et c'est probablement ce qu'affirmera également le prochain Congrès de l'Alliance coopérative internationale, puisque son bureau lui propose l'adoption des mêmes résolutions. Voici ce qu'elles disaient :

« La politique commerciale internationale a été, jusqu'à ce jour, une politique de guerre, en ce qui concerne le commerce international tout au moins, et même le commerce intérieur.

« Mais cette guerre a revêtu deux formes différentes :

« Dans l'une, il s'agit surtout d'une guerre défensive ; on s'efforce de défendre son pays contre ce qu'on appelle l'invasion ennemie, c'est-à-dire contre les importations, en élevant des barrières qui sont les droits de douane. Il s'agit d'empêcher l'industrie étrangère de faire la conquête, comme on dit, du marché national, en vendant des produits à un prix inférieur à celui auquel nos industriels peuvent livrer les leurs, et, nécessairement, on frappe ces produits étrangers d'autant plus qu'ils sont à meilleur marché et que leur concurrence paraît ainsi plus redoutable. On cherche donc à relever le tarif protecteur de façon à neutraliser ce bon marché des produits étrangers, et à les faire vendre à un prix au moins aussi élevé que les produits nationaux. C'est ce qu'on appelle le système protectionniste ou parfois, pour le déguiser sous un nom plus bénin, le système compensateur.

« Dans l'autre système de politique commerciale qu'on appelle libre-échange, il semble, au contraire, que ce soit le régime de la paix, le régime des bonnes volontés des Nations les unes envers les autres, à en juger par les déclarations des libre-échangistes qui portent toujours une branche d'olivier au chapeau, alors même que, par les articles essentiels de son programme et par l'esprit qui l'anime, c'est la concurrence et, par conséquent, c'est encore la guerre sous une forme offensive. Il ne s'agit plus de défendre le marché national, il s'agit de conquérir les marchés étrangers. On ne cherche plus à repousser l'importation, parce qu'on s'estime assez forts pour n'avoir pas à la redouter ; au contraire, on l'accueille volontiers, mais on cherche à développer l'exportation en expédiant les produits nationaux dans tous les pays du monde et dans des conditions de bon marché telles, qu'elles puissent défier toute concurrence.

« Ces deux politiques ne sont d'ailleurs pas exclusives l'une de l'autre. Elles peuvent se combiner, et c'est ce que font les Nations les plus ambitieuses, les plus impérialistes au sens économique du mot. Celles-là cherchent à la fois à fermer leur marché intérieur aux étrangers, et à conquérir les marchés étrangers par la tactique savante des trusts et du dumping. Au besoin, même, elles sacrifient les intérêts des consommateurs nationaux au désir d'annexer les consommateurs étrangers. »

Or, la politique internationale des consommateurs et, par là même, des coopérateurs, doit être également opposée à ces deux formes de lutte ; ils n'ont à être ni protectionnistes, ni libre-échangistes.

Ils doivent être opposés au protectionnisme, car cette politique économique a pour aboutissant de relever le prix des produits et marchandises, et ils ne peuvent bénéficier des meilleurs résultats obtenus par la production dans un autre pays grâce à ses progrès dus à la nature ou à des circonstances favorables ; cette politique engendre la stagnation économique et, sans résultat, en fait payer les frais aux consommateurs.

Ils doivent également être opposés au libre-échange car, si d'apparence, il apparaît comme devant aboutir au plus bas prix pour le consommateur, il n'en est généralement point ainsi. Sous le régime capitaliste, ce ne sont point les consommateurs qui en dernière analyse en bénéficient, mais les intermédiaires et producteurs privés; c'est ce que disait également, excellement la motion dont nous parlions plus haut : « Il ne faut pas oublier que le régime du libre-échange, le « free trade », a été l'œuvre des marchands de Manchester, et que les grands marchands de Manchester n'avaient rien de commun avec les humbles pionniers de Rochdale, quoiqu'ils fussent proches voisins. Ceux-là luttaient pour le profit et chacun pour soi, ceux-ci contre le profit et tous pour chacun. Ce sont deux principes opposés. »

B) L'organisation internationale des échanges.

Mais alors, quelle sera donc la politique internationale qui peut rencontrer les sympathies de l'esprit coopératif et servir les intérêts des consommateurs ? Nous l'appellerons l'organisation internationale des échanges. C'est ce qu'on pourrait encore plus exactement appeler la coopération économique véritable des peuples.

Cette politique doit partir de ce principe qu'il est nécessaire que chaque nation se développe suivant le maximum de rendement possible d'après ses aptitudes et ses ressources. Les intérêts économiques nationaux de chaque pays sont solidaires des intérêts de tous les pays. Il ne peut donc s'agir d'un idéal pour une Nation qui consisterait à vouloir conquérir les marchés étrangers pour y réaliser des profits. Il ne s'agit pas d'exclure l'industrie étrangère qui ne viendrait point dans le pays, pour y réaliser des profits. En vérité, il faut avoir la préoccupation unique d'organiser la production mondiale le plus économiquement possible, d'utiliser toutes les ressources du globe et les aptitudes de chaque nation au mieux des intérêts de tous.

Pour ne citer que quelques exemples, l'idée de l'organisation internationale des échanges aboutira-t-elle à réclamer purement et simplement, l'abolition des droits de douane? D'abord, les déficits énormes des budgets des Etats ne permettent guère d'espérer que l'on renonce à cette politique, mais ce qui importe, c'est qu'ils soient établis sans différenciation de nationalité et sans prétendre faire préalablement des distinctions entre les pays. De même que dans la Société des Nations, dans la Société économique internationale en formation, les sociétaires, comme dans une coopérative, doivent avoir les mêmes droits.

Ce qui importe plus que toute autre chose pour les coopérateurs ; c'est la multiplication des traités de commerce, il est vrai que l'esprit dans lequel ils sont conçus et surtout l'état d'âme avec lequel on entend les appliquer sont plus importants que les clauses qu'ils contiennent ; mais le traité de commerce, à condition que précisément il ait un caractère général, est la consécration positive et pratique de ce que nous appelons l'organisation internationale des échanges ; de lui certes, il faudra bannir tout esprit de marchandage sordide comme cela s'est pratiqué jusqu'ici, chacun ne faisant de concession qu'autant qu'il croit en avoir arraché de plus grandes à son contractant dans lequel il voit un adversaire. Il faut y substituer le désir d'utiliser les supériorités réciproques de chaque pays.

Il est important même que ces traités de commerce portent sur une longue période et ne soient pas de simples accords commerciaux qui, comme les locations sans baux écrits, pourraient être dénoncés par chacune des parties quand bon lui semblerait.

En réalité, il faut opposer à la forme d'égoïsme national, tout à fait contraire au principe d'association et contraire à l'intérêt de chacun des associés, le principe de l'aide mutuelle, l'abandon d'une part de l'indépendance en échange d'un sacrifice réciproque.

Parmi les mesures qui peuvent embryonnairement faciliter cette coopération économique des peuples, signalons ces Comités interalliés qui, pendant la guerre, ont eu un intérêt si puissant et ont rendu de tels services qu'on peut dire qu'ils ont assuré le ravitaillement des pays de l'Entente ; ces Comités interalliés qui auraient pu devenir et qui devraient devenir des Comités internationaux de ravitaillement pourraient équitablement, suivant les ressources mondiales, suivant la connaissance des besoins, répartir les denrées alimentaires entre les Nations et d'après les nécessités de chacune ; ils seraient forcément accompagnés d'un contrôle sur les transports de toutes ces marchandises par voie d'eau ou de terre; ils aboutiraient à la fixation des prix maxima de fret et d'assurance, à l'établissement de tarifs pour ces produits et, peut-être, ce qui serait encore mieux, à la prise de possession des moyens de transport de terre et de mer par chacune des Nations, les faisant fonctionner non plus au bénéfice de Compagnies privées, mais dans l'intérêt commun.

Un office économique international de statistique, et d'abord en matière d'alimentation, devrait organiser la coordination des efforts de ravitaillement du monde et préparerait par sa connaissance des besoins, des ressources, des conditions de consommation et de production de chaque pays, la coopération économique, la division du travail entre les peuples.

Il aiderait à la multiplication des facilités d'échange, échange des produits, des capitaux et des personnes, à l'unification des lois sociales, particulièrement celles des mesures et des monnaies ; l'établissement des facilités de correspondance toujours plus étendues aussi bien, que du reste, des voyages et des séjours dans les différents pays.

L'organisation internationale des échanges conduirait peu à peu à l'étude en commun par les Nations de grands projets d'entreprises économiques pour le développement de la civilisation, tunnel sous la Manche, etc., et aux progrès de l'hygiène sociale ; elle conduirait à un contrôle exercé sur le commerce des produits dangereux pour la santé publique, elle ferait naître de plus en plus l'idée que le commerce international ne doit plus être confié à des Sociétés privées cherchant le profit, mais à la création d'organismes fonctionnant avec la collaboration et le contrôle des représentants des consommateurs associés.

Aujourd'hui même où l'on parle tant de la Société des Nations, Société politique, c'est la Société économique des Nations qu'il serait nécessaire de constituer ; du reste, l'une ne va pas sans l'autre. Si la Société politique des Nations ne s'appuie pas sur une Société économique, si on organise la paix politique ou qu'on veuille l'organiser tout en laissant subsister la guerre économique, l'échec est presque fatal. Le commerce international n'a pas donné au monde la paix, mais au contraire, il a suscité milles guerre et cela parce qu'il n' a qu'un mobile : la course au profit. Il n'est alors qu'une forme de compétition et de lutte, fort dangereuse pour le maintien de la paix humaine.

CHAPITRE VI

LE MAGASIN DE GROS INTERNATIONAL

Mais, en attendant même la coopération économique des peuples et en attendant qu'elle ait son développement complet avec l'avènement des Républiques coopératives nationales, ne peut-on déjà créer entre les mouvements coopératifs, entre les organes qui préparent pour une part ces diverses Républiques, ne peut-on créer des liens économiques étroits ?

De même que les Sociétés de détail inévitablement étaient conduites à leur Magasin de gros, est-ce que les mouvements coopératifs nationaux et éventuellement leur République coopérative ne peuvent être conduits à l'idée d'un Magasin de gros international assurant la coordination des efforts et dès maintenant, sous une forme embryonnaire, ce Magasin de gros international ne peut-il vivre, ne peut-il être institué entre les différents Magasins de gros nationaux, même sous une forme rudimentaire. Peut-être un exemple pratique serait ainsi donné pour la possibilité de la Société économique des Nations, soit pour l'appuyer, soit pour l'étendre, soit comme précisément un premier moyen de réalisation.

A) Historique de l'idée du magasin de gros international.

Cette idée du reste d'un Magasin de gros international a déjà surgi depuis quelques années, depuis que les coopérateurs des différents pays se sont réunis en Congrès. Des études ont été fréquemment faites en ce sens, l'Alliance coopérative internationale, qui depuis un quart de siècle réunit les coopérateurs du monde et n'était à ses débuts qu'une association morale, s'est préoccupée de cette question. A quelques-uns de ses Congrès, des projets, des rapports ont été présentés. Dès 1907 au Congrès de Crémone, puis en 1910 au Congrès de Hambourg et à la veille de la guerre, au Congrès de Glasgow en 1913, la question fut agitée. Naturellement, la grande catastrophe mondiale avait d'abord semblé mettre fin pour un temps à toutes préoccupations de ce genre, mais même pendant la guerre, aux conférences coopératives interalliées de 1916, puis interalliées et neutres de 1919, le mouvement coopératif français proposa des ordres du jour en ce sens qui furent adoptés à l'unanimité par les organisations coopératives représentées.

En ce moment même, la question semble prendre un tour pratique. A la Conférence internationale qui s'est tenue en avril 1920 à Genève, une réunion du Magasin de gros a eu lieu ; une sous-Commission a été nommée pour qu'immédiatement le projet se réalise sous une forme même embryonnaire. L'idée de venir en aide aux nouveaux pays surgis de la guerre, comme la Pologne ou la Tchéco-Slovaquie ; l'idée surtout de porter aide efficace pour les pays de l'Entente aux coopérateurs des régions dévastées comme la Belgique et la Serbie ; l'idée même, plus générale, d'apporter un remède à la crise économique de l'Europe et à tous les pays, même aux pays ennemis d'hier ; l'idée enfin de la nécessité des relations avec des pays comme la Russie où le mouvement coopératif est devenu exhorbitant, a fortifié la pensée du Magasin de gros international.

B) Ce qu'il peut être.

Sous quelle forme ce Magasin de gros pourra-t-il naître ? Quelle sera sa constitution juridique ? L'avenir nous l'apprendra, mais il semble bien en tout cas que, dèsmaintenant, différentes formes d'action se présentent à tous les yeux. Les Magasins de gros pourraient d'une façon régulière faire connaître à un bureau international quel est l'état du marché de chacun de leur pays, quels sont les prix auxquels on achète les marchandises, quelle est l'appréciation des stocks ; quelles sont enfin les prévisions soit de récolte agricole, soit de production industrielle.

Comme chaque pays est obligé de se fournir chez d'autres pays, chaque Magasin de gros national devrait tout d'abord s'imposer d'acheter uniquement aux pays étrangers par l'intermédiaire de l'organisation sœur.

Enfin, comme la production s'organise peu à peu dans les Magasins de gros, est-ce que ceux-ci ne devraient pas offrir à toutes les Sociétés dans tous les pays, leurs propres denrées et les marchandises produites dans les usines et sur les terres coopératives.

Peu à peu, l'idée de réserver telle ou telle production à tel pays mieux adapté, mieux placé, conduirait à des échanges internationaux de plus en plus importants.

Enfin, pour faire venir des pays les marchandises d'outre-mer, comme par exemple le riz, le thé, toutes les denrées exotiques d'Extrême-Orient, des achats en commun pourraient être faits : les Wholesale anglaises et écossaises n'ont-elles pas déjà des plantations de thé aux Indes, des usines de lard en Australie. Le Magasin de gros international devrait s'organiser ainsi, au service même de tous les mouvements nationaux.

Peut-être des difficultés surgiront pour son organisation juridique, mais rien n'empêche de continuer dans la voie où précisément le Comité d'études de Genève vient de s'engager, c'est-à-dire de confier commercialement aux plus importants des Magasins de gros, pour le moment la Wholesale anglaise, le soin de faire des opérations, quitte à les faire sous le conrôle d'une Commission et d'un Conseil d'administration international.

Ce qui est sûr, c'est qu'en s'engageant dans cette voie, la coopération porterait à son maximum l'idée même qui la guide de créer une Société sans profit, non seulement pour un pays mais pour toutes les nations.

CONCLUSIONS

A) Le but du livre.

Nous voici au terme que nous nous étions fixé;
qu'avons-nous voulu?

Nous avons voulu montrer que cette Société économique, que nous avons appelée « la République coopérative », n'est que l'épanouissement total du mouvement coopératif de consommation tel qu'il existe
maintenant en ses fondements naturels. Il apparaît
comme une solution possible de la question sociale et
la porte en lui.

Nous avons voulu montrer que l'hypothèse d'une
République coopérative n'était pas un produit de l'imagination, une utopie, un système à priori, mais qu'elle
correspondait tout au contraire à la stricte observation
de la réalité et s'appuyait sur les lois mêmes de l'évolution de la Société humaine.

Nous avons voulu marquer comment ce concept économique nouveau emportait avec lui un concept social
tout entier et déterminait par là une transformation
des rapports économiques, politiques ou moraux des
hommes.

Nous avons en même temps signalé quels étaient les
grands courants d'idées auxquels la doctrine coopérative pouvait se rattacher; nous avons fixé ses liens de
parenté intellectuels.

Nous avons franchement indiqué quels étaient les

problèmes que la République coopérative, si elle voulait être une Société nouvelle en son intégralité, avait à résoudre et dont cependant elle n'apparaissait pas encore avoir trouvé la solution ou préparé la solution complète en son état actuel.

Nous nous sommes efforcés, enfin, de décrire les instruments indispensables que le mouvement coopératif devait forger et mettre au point pour hâter l'heure de l'avènement de cette République coopérative intégrale.

B) Résumé des grandes lignes.

Résumons les grandes lignes de ce livre qui nous ont permis d'aboutir à ces conclusions.

La Société humaine est soumise comme toutes choses et tous êtres à des lois organiques et à des lois d'évolution, lois historiques et relatives ; il apparaît d'abord que les rapports économiques et le souci de vivre ont jusqu'à présent dominé et influé sur tous les autres rapports sociaux, même quand ces derniers avaient acquis une physionomie propre et une action particulière.

Le *déterminisme économique*, pour n'être point mécanique, mais applicable à des êtres humains capables de réactions comme d'adaptation, fait que l'histoire humaine est dans son ensemble, une histoire de classes sociales et que l'humanité passe, suivant une sorte de rite, par les mêmes phases d'évolution.

A chacune de ses phases, la Société a progressé et la transformation sociale s'est marquée par un accroissement de richesses. Le progrès indéfini semble être la règle de l'évolution de la Société humaine; mais il est à remarquer, également, qu'une constitution économique de la Société fait place à une autre, lorsque dans les cadres mêmes de la forme ancienne, existait déjà préalablement et développée suffisamment, la structure économique de la forme nouvelle, et en constituait les organes de substitution.

Or, aujourd'hui, tout annonce une crise sociale qui doit mettre fin au régime capitaliste, crise sociale qui s'accuse dans les mêmes conditions que toutes les autres crises sociales, telles qu'elles ont eu lieu à la veille d'une transformation économique des bases de la Société.

Mais, quels sont les organes constructifs de la Société nouvelle; quel est leur degré de développement à l'intérieur même du régime capitaliste.

Nous avons prétendu démontrer qu'ils étaient dans la coopération de consommation et nous en avons étudié les lois organiques et les lois dynamiques : la structure interne et le ressort de mouvement.

Les lois internes de la coopération se résument dans les principes de la répartition des trop-perçus au prorata des achats; de l'égalité complète des sociétaires aux Assemblées générales: *un homme une voix* ; de la vente au prix juste et de l'indivisibilité des réserves de la Société.

Les lois de son mouvement se ramènent à l'idée essentielle que la coopération a, en elle, une puissance indéfinie d'extension, s'adaptant à tout milieux naturels et sociaux. Le degré de son développement est tout à fait en rapport direct avec le degré de développement économique général de la Société.

De ces prémices, des conditions dans lesquelles une transformation sociale s'opère, de la connaissance de l'avenir social que comporte l'évolution coopérative en raison de sa constitution naturelle, découle l'hypothèse scientifique d'une Société nouvelle et complète qui s'appellerait la République coopérative; mais la République coopérative ne peut résulter que de l'effort des hommes, que de l'adhésion et de l'action des consommateurs devenant coopérateurs. La rapidité de sa réalisation est donc dépendante de ce facteur éthique.

La connaissance du but à atteindre et des moyens qui, seuls, peuvent y faire parvenir, est un deuxième facteur du même genre.

Nous avons essayé de nous rendre compte exactement de ce qu'était la République coopérative et recherché son influence possible sur tous les rapports sociaux.

Nous avons vu que la République coopérative aboutissait à une théorie économique spéciale, à la souveraineté du consommateur, à l'organisation de la production par la consommation. La satisfaction des besoins pouvait servir d'émulation au progrès, et ainsi, son but se confondait avec la poursuite de la défense de l'intérêt général.

D'autre part, la République coopérative se présente dans son but, comme socialiste par nature, mais ses méthodes de réalisation sont différentes du socialisme politique,car elle prétend se faire, dès maintenant et au jour le jour, sans s'hynoptiser dans le mythe d'un grand soir qui serait exclusivement la prise du pouvoir politique.

La République coopérative part de la Société actuelle et se fonde dans les limites de la libre concurrence, mais elle crée un milieu nouveau dans les cadres de la Société capitaliste, elle n'entend pas suffire à tout, mais se suffire à elle-même sur son propre terrain.

Son influence sur les autres rapports sociaux est décisive. OEuvre de propriété privée à son point de départ, elle constitue la propriété sociale à son point d'arrivée.

Si elle oppose au Gouvernement des hommes l'Administration des choses, c'est qu'elle tend à vider l'Etat-gouvernement de son contenu de coercition et met fin aux classes.

Matérialisation de la morale de la solidarité. Elle remet au premier plan les morales naturelles et antiques de la recherche du bonheur et de l'amour de la vie, ayant comme base la satisfaction des besoins.

La doctrine coopérative a de profondes attaches intellectuelles dans le passé, l'associationiste a été l'utopie de la coopération. De plus, elle n'a rien d'inconciliable en fait avec le marxisme et par-dessus le marché, elle est sœur jumelle du syndicalisme.

Mais la République coopérative n'est pas seule au monde. A sa réalisation, mille obstacles, mille forces contraires peuvent s'opposer.

Elle peut avoir des limites, nous avons essayé de de les rechercher à propos de certains problèmes comme celui de l'économie familiale ou du régime des trusts et des monopoles privés, comme celui de l'organisation du travail, même dans la direction des entreprises confiées à tous les consommateurs. Nous avons vu également le problème des conditions préalables d'existence à la coopération, conditions d'ordre politique comme celle des libertés démocratiques et aussi conditions économiques et sociales.

Enfin, s'il est des instruments à forger pour la création et le développement de la République coopérative se préparant à ses fins dernières, n'est-il pas nécessaire de les rechercher?

De là, une étude des Sociétés de détail et de leurs formes supérieures, les Sociétés de développement; de là, également, l'examen du rôle des Magasins de gros coopératifs, à la fois dans leur rôle d'élimination des bénéfices du gros commerce, d'organisation de la production par la consommation et du système financier coopératif.

De là, enfin, la nécessité d'une Société nationale que que nous avons intitulée la « *République coopérative* » qui prépare, à son tour, le *Magasin de gros international*, la coopération économique des peuples, condition de progrès économique national et de paix humaine.

En résumé, la République coopérative se présente donc comme se suffisant à elle-même sur son propre terrain d'action et comme contenant, en germe, la solution de la question sociale qu'elle accomplit par son auto-développement intégral et naturel.

4773. — Tours, Imprimerie E. ARRAULT et Cie.

www.ingramcontent.com/pod-product-compliance
Lightning Source LLC
LaVergne TN
LVHW051111060726
842525LV00003B/869